인생승부
명당에서
정해진다

◆ 한·일 양국 유명인 선영을 조망하다 ◆

인생승부
명당에서
정해진다

손건웅 지음

지식공감

풍수에 입문한 지 20년이 넘었다. 입문 시절, 몇 권의 풍수 책을 읽었지만 오히려 미궁에 빠진 느낌이었다. 고명(高名)한 풍수 선생이 있다는 소문을 들으면 불원천리(不遠千里)를 마다하지 않고 찾아갔다. 그러던 중, 수강(秀崗) 류종근(柳鍾根) 사부의 문하에 들어간 것은 행운이었다. 사부의 문하에서 10여 년을 넘게 사사(師事)했지만 아둔한 필자는 여전히 미망을 헤매고 있었다.

문득, 사부(師傅)가 말씀하신 득어망전(得魚忘筌)이 떠올랐다. 풍수를 깨달아서 통발을 잊은 것이 아니라, 풍수를 깨닫기 위해서 기존의 틀인 통발을 잊기로 했다. 무조건 현장을 찾았고, 현장을 통해서 필자의 풍수관이 형성되었다. 기존 풍수의 일반적 이론과 주장이 맞지 않는 것도 보이기 시작했고 기존에는 없던 이론도 정립되었다.

필자의 풍수관에 중요한 도움을 준 책은 명대(明代) 주경일(周景一) 선생의 『산양지미(山洋指迷)』다. 주 선생은 자신의 이론인 면배(面背)와 지보(地步)의 광협을 만두형세(산 모양)로 설명했는데, 필자는 이것을 맥로의 흐름으로 판단하는 것이 주 선생과 다른 점이다.

필자가 현장에서 느낀 점들을 밝힌다.

1. 선영의 풍수가 좋다고 모두가 성공하는 것은 아니다. 본인의 자질과 적성, 그리고 노력이 따라야 가능한 일이다. 그러나 풍수가 나쁘면 자질과 적성이 뛰어나도, 많은 노력을 하여도 성공에 이를 수 없고, 우환과 불행이 따를 뿐이다.

2. 풍수 최고(最古)의 경전인 장경(葬經)에는 기승풍즉산계수즉지(氣乘風則散界水則止)라고 했다. 즉, 기는 바람을 타면 흩어지고 물을 만나면 흐름을 멈춘다는 것이다. 장경이 세상에 나온 지 1,700년 여년이 지났지만 풍수계에서는 여전히 이 구절을 금과옥조로 여기고 있다. 그러나 거센 바람이 부는 곳에도 명당은 존재하고, 물을 만나도 기의 흐름은 멈추지 않는다.

3. 호리지차 화복천리(毫釐之差 禍福千里). 묘터나 집터를 결정할 때, 나경의 좌향이나 분금을 터럭만큼이라도 잘못 놓으면 그 결과는 엄청난 길과 흉의 차이가 난다는 해석이 일반적이다. 그러나 필자는 길흉의 경계를 구분하지 못하여 발생하는 오류를 지적한 말이라고 생각한다.

4. 발복(발음)은 당대에 발생한다. 묘를 쓰면 그 발복은 증손자 또는 손자 대에 이르러 작동한다는 주장이 일반적이다. 그러나 묘를 쓰면 그 발음(발복)의 효과는 당대에, 짧게는 2, 3년 이내에 작동한

다는 것이 필자의 주장이다.

5. 안산이나 조산이 일자문성(一字文星)이면 후손이 높은 관직에 오르고, 둥근 금성체이면 후손이 부자가 된다고 한다. 청룡이 좋으면 아들이나 장손이 잘되고, 백호가 좋으면 딸들이 잘된다고 한다. 그러나 후손이 잘되고 못되는 것은 당처(묘소를 쓴 곳)의 풍수역량에 달린 것이지, 청룡·백호·현무·주작인, 사신사(四神砂)의 모양새에 영향을 받는 것이 아니다.

6. 묘소 주변에 바위가 있으면 기가 강하니 권력을 상징하고, 그 발복의 속도가 빠르게 흥하고, 빠르게 망한다고 한다. 바위와 권력과는 아무런 상관이 없고, 또한 발음의 속도와도 무관하다는 것이 필자의 주장이다.

7. 비보풍수는 우리나라 풍수만의 특유한 것이라고 한다. 즉, 부족한 곳은 채워주고 넘치는 곳은 덜어내고 흉한 곳은 가리는 것을 비보풍수라고 한다. 흠이 있고 부족한 땅에 조상을 모시고 비보를 할 정성이 있다면, 애초에 명당을 찾으면 될 일이다. 흉지에는 비보를 해도 풍수적 효과가 없다. 또한 인테리어 풍수는 전혀 신뢰하지 않는 것이 필자의 입장이다.

8. 외가의 선영도 친가의 것과 동일한 몫으로 풍수적 영향을 준다. 본인의 자녀가 잘 되기를 바란다면, 부모님 묘소와 동일한 정

성으로 장인·장모도 모셔야 한다. 명당을 잡기는 오히려 쉬워도 처가나 외가의 선영까지 간여해야 하는 인간사가 풍수보다 어렵다.

9. 풍수는 상쇄작용을 하지 않는다. 선영에는 명당과 흉지가 함께 있는 경우가 많다. 명당이 있어도 흉지에서 발동하는 불리한 영향은 상쇄되지 않는다. 명당은 명당대로 흉지는 흉지대로 각각의 기운을 발동한다.

10. 신경준의『산경표(山經表)』는 조선의 산맥체계를 족보를 원용하여 만든 인문서적이다. 장택기를 쓰거나 감평을 할 때, 혈처(당처)의 기(氣)가 시조산인 백두산에서 출발하여 백두대간과 무슨 무슨 정맥을 경유하여 왔다고 설명하는 경우가 많다. 근거 없는 주장들이다. 산경표는 본질적으로 풍수와 무관한 책이다. 산경표적 관념이 풍수의 오류를 가중할 뿐이다.

11. 기의 흐름은 백두산에서 오는 것도 아니고, 높은 뒷산에서 내려오는 것도 아니다. 기가 어디에서 출발하여 어디를 경유하여 들어오는지는 현장에서 확인해야 한다. 기(氣)의 출발과 흐름(脈路)은 360도 모든 방향이 개연성이 있기 때문이다.

12. 위성지도를 보고 명당을 찾는 사람도 있다. 필자도 공부하는 과정에서 1/25,000 또는 1/50,000 축도(縮圖)를 수도 없이 연구했지만 근본적으로 잘못된 방법이다. 심지어 사진만 보고도 명당의 여부

를 알 수 있다는 주장도 있지만, 이는 풍수와는 무관한 주장일 뿐이다.

13. 양택은 보국이 중요하고 음택보다 속발한다는 주장을 하는 사람도 있다. 음택도 보국을 중시하니, 이 주장은 논리적으로 맞지 않는다. 또 속발한다는 증거도 전혀 없다. 풍수의 핵심 논리는 동기감응(同氣感應)이다. 양택에는 동기감응이 작동하지 않는다. 양택의 풍수적 비중이 음택에 비하여 현저히 떨어지는 이유이다.

14. 적선과 적덕을 해야 명당에 들어갈 수 있다고 한다. 자연인 땅의 현상은 인간사의 윤리와는 무관하고, 풍수의 본질도 윤리·도덕과는 무관하다.

15. 화장(火葬)으로 모셔도 발복한다. 이는 필자가 대한민국에서 최초로 주장한 것이다. 예전에는 화장으로 모시면 무해무덕 즉, 해를 보는 것도 득이 되는 것도 없다고 했다. 화장문화가 오래된 일본과 중국을 간산하면서 필자의 주장이 맞다는 것을 확인하였다. 이 책에서는 일반인들의 장묘문화에 대한 의식의 전환을 위하여 화장묘(납골)에 대하여 많은 분량을 할애한 이유이기도 하다.

16. 서양에서 도입된 수목장이 확산되는 추세이다. 필자는 기왕의 졸저에서 사례를 들어 수목장의 폐해를 설명한 바 있다. 수목장은 패륜적이며 위험한 장법이란 점을 다시 강조한다. 또한 산골

(散骨: 유분을 뿌리는 짓)하면 풍수적 뒷심을 전혀 받지 못하고, 흉지에 뿌렸을 경우에는 불리하게 작동한다.

17. 필자의 맥로이론은 2,000년 풍수역사에 전혀 새로운 논리체계이다. 이는 음택(陰宅)과 양택(陽宅), 토장묘(土葬墓)와 납골묘(納骨墓), 산강(山崗)과 평양(平洋), 향촌(鄕村)과 성시(城市), 국내와 국외를 불문하고 보편적 적용이 가능한 만법귀일(萬法歸一)의 이론이다.

18. 혈처를 감평할 때, 기업가에게는 혈의 역량이 대기업을 또는 중소기업을 추동할 역량인지를 밝혀야 한다. 정·관계 인사라면 국회의원이나 장관은 가능한지 또는 사무관조차 어려운지도 밝혀야 한다.

19. 독자의 이해를 돕기 위하여 사진에 맥로를 표시했다. 대명당인 경우에는 사진상에 맥로의 출발을 표시하는 것이 불가능하다. 그래서 책에 표시한 맥로는 방향성이라 이해하면 될 것이다. 그러나 흉지는 맥로가 없다.

이 책에서는 위와 같은 관점으로 한·일 양국의 유명인 선영을 다뤘다. 인생의 성패가 선영에 달렸음을 보여주는 사례들의 기록이다. 풍수의 고전(古典)과 이론은 무수히 많지만, 인생의 승부를 결정짓는 현장의 기록은 많지 않다. 이 책을 통해 살아있는 풍수의 진면목을 감상하시라.

왕후장상이라고 씨가 따로 있는 것이 아니다. 가난한 집안의 아들이 정승·판서가 되고, 대중들의 주목을 받던 유명인이 급락(急落)하는 이유를 풍수적 시각으로 밝혔다. 동양술수에는 다양한 분야가 있지만, 곤경(困境)을 뚫고 운명을 개척할 수 있는 것은 풍수뿐이라는 것이 필자의 생각이다.

　일본의 선영도 다뤘다. 일본인도 모르는 일본 유명인의 흥망을 조선 풍객의 시각으로 다뤘고, 장묘문화 선진국인 일본의 납골묘를 소개하여 독자들의 발상 전환에 일조하고 싶었다.

　필자를 독려해 준 집우(執友) 조현구, 고단한 풍수 여정에 도반이 되어준 종제(從弟)가 있어서 이 책의 출판이 가능했다.

차
례

들어가는 글 − 5

한국편

LG의 미래와 구본무의 불운, 인화원과 창업자 묘소 − 19

정치는 입신인데, 김종필 선영 − 25

명당에서 흉지로 이장한 이해찬 선영 − 30

대권도 가능한 이낙연 선영 − 35

영욕이 뒤섞인 김기춘 선영 − 43

과욕이 앞선 김무성 선영 − 48

대권에서 멀어진 박원순 선영 − 55

6·13 선거의 격전지, 김태호·김경수 선영 − 60

묘소 한 기로 당락이 바뀐, 유승민·김태환 선영 − 68

길흉이 제대로 반영된 이재오·강병원·임종석 선영 − 77

대법관 출신을 꺾은, 노웅래 부친 묘소 − 84

흙수저와 금수저의 대결, 이재명과 남경필 선영 − 88

개천에서 용나다. 최문순·민병희 선영 − 94

날개도 없이 추락한 안희정 선영 − 100

진보진영의 간판스타, 노회찬·심상정 선영 − 106

흉지에서 대명당으로, 김정은 외가 선영 − 114

백세인생으로 대박난, 이애란 선영 − 120

국민가수 태진아 선영 − 125

홀연히 떠나간 예인, 김주혁 선영 − 130

코미디언 3인, 배삼룡·남철·남성남 납골묘 − 133

최동원·김형곤·양종철 납골묘 − 139

서수남 부모와 박용하 묘소 − 145

영화 〈1987〉과 이한열 묘소 − 149

북파 공작원 흑금성, 박채서 선영 − 155

몬주익의 영웅, 황영조 선영 − 161

**차
례**

**일
본
편**

청수사(淸水寺)와 백제 후손 다무라마로 묘소 − 169

천하를 눈앞에 두고, 오다 노부나가 선영 − 174

아들 대에 끝장난 도요토미 히데요시 묘소 − 182

일본인도 모르는 이에야스 부친묘, 도쿠가와 선영 − 188

일본 바둑의 원조, 혼인보(本因坊) 묘소 − 201

세상에서 가장 오래된 재벌, 스미토모(住友) 선영 − 205

일본 화단(畵壇)의 400년 중심, 카노가 선영 − 213

기도 다카요시·사카모토 료마·시바료 타로 묘소 − 223

메이지 유신에 초석을 놓은, 오쿠보 도시미치 묘소 − 233

맛의 달인 실제 주인공, 기타오지 로산진 묘소 − 240

일본도 이장(移葬)합니다. 요시다 시게루 전 수상 묘소 − 245
엔카의 대부, 고가 마사오와 일본의 이미자, 미소라 히바리 묘소 − 251
세계적인 자동차 메이커, 도요타 선영 − 259

한국편

: LG의 미래와 구본무의 불운,
  인화원과 창업자 묘소

2008년 1월, LG 구본무 회장의 모친인 하정임 여사가 별세했다. 하(河) 여사는 18세가 되던 해인 1942년에 구자경 LG 명예회장과 결혼하여 시부모를 모시면서 6명의 자녀를 키우고, 8명의 시동생을 보살폈다. 그러면서 대기업 총수를 내조하였으니, 그 삶의 무게를 어찌 짐작할 수 있겠으랴. 그런데 사람들을 놀라게 한 것은 유풍(儒風)이 짙게 남아있는 LG가에서 '종부(宗婦)'인 하(河) 여사를 화장(火葬)하여 납골로 모신다는 뉴스였다. 이제 LG의 앞날은 기대할 것이 없게 되었다고 말하는 풍수가도 있었다.

기업인 선영을 간산해보면 기업의 흥망성쇠가 그대로 반영되는 풍수적 인과관계를 알 수 있다. 그런데 LG의 풍수를 이해하기 위해서는 LG는 물론 상보적 동반자였던 GS의 허문(許門) 선영까지도 함께 보아야 LG의 전체적 윤곽을 파악할 수 있다. 양가(兩家)의 많은 선영을 간산하는 데만 10여 년의 시간이 걸렸다. 진주 지수면에 있는 LG의 오래된 조상과 만회공 묘소, 부산 동래구에 있는 LG창업회장과 부모 묘소는 한 번을 간산해도 왕복 800km에 달하는 여정이었다. 여러 차례 간산을 반복하며 LG의 구문(具門)은 누백 년 전부터 진주의 부호였음을 알게 되었다.

이해를 돕기 위해 능성(綾城) 구문 5대(代)를 기술하면, 만회공(晚悔公) 구연호(具然鎬) → 구재서(具再書) → 구인회(具仁會) → 구자경(具滋暻) → 구본무(具本茂) 순이다.

> - 만회공 묘소(진주 청담리): 손자인 구인회가 낙희와 금성사(지금의 LG)를 창업하고 회사의 초석을 다지는데 풍수적 뒷심이 되어 주었다.
> - 구재서와 구인회 묘소(부산 온천동): 구재서의 묘소는 소지소혈이고, 창업자인 구인회의 묘소는 흉에 걸렸고 부인의 묘소는 자리가 아니다.

구재서, 구인회 양대의 묘소는 기업경영에 풍수적 도움을 줄 수 없는 곳이다. 그럼에도 창업 2세대인 구자경, 3세대인 구본무의 LG호는 순항하였다.

대기업의 창업은 이를 추동해주는 대명당의 선영이 있어야 가능하다. 그리고 계속 발전하려면 대대(代代) 또는 격세(隔世)로 그 기업의 규모에 상응하는 대명당이 또 있어야 한다.

위 논리에 따르면 LG의 창업 3세인 구본무호는 난항했어야 하는데 오히려 순항하였다. 그 이유는 LG와 GS가 2005년 계열분리를 하기 전까지 구(具)씨와 허(許)씨가 공동경영을 하였으니 LG가(家)의 약화된 풍수파워를 GS가(家)의 선영이 보완해 준 것이다.

2005년, 양가(兩家)가 계열 분리를 하니 LG는 풍수적으로 기댈 곳이 없어졌다. 그 시기에 구본무 모친인 하(河) 여사가 별세한 것이다.

필자가 밝혔듯이 화장으로 모셔도 그 발음(발복)은 매장과 동일한 풍수적 영향을 준다. 하 여사를 모신 LG의 가족 납골당인 인화원을 간산했다.

능성구씨 가족 납골당. 이천 해월리 소재.

납골당으로 입맥하는 맥로도.

맥로의 출발 방위는 묘방(卯方: 동쪽)이지만, 그 출발점은 측량키 어려운 먼 곳이다. 아득히 먼 곳에서 출발한 맥로는 270도를 환포하여 진입하는데, 가까이로는 건지산을 경유한 맥로가 납골당을 포함한 비교적 넓은 범위에 혈처를 맺었다.

이 납골당은 필자가 간산한 LG가의 그 어떤 선대묘소보다 풍수파워가 좋은 곳이다. 여기에 후손들을 계속 모시면 세계적인 기업으로 지속 발전할 것이라는 판단이다. 아쉬운 점은, 일본의 도요타(豊田)를 능가할 수 있는 핵심 정혈에서는 약간 빗나간 점이다.

명·청 시대 수백 년간 중국 상단(商團)을 주도했던 유상(儒商)집단인 진상(晋商)과 휘상(徽商), 그들을 능가하는 현대판 유상(儒商)의 모습을 LG에게 기대해도 좋을 것이다.

구본무(1945~2018)의 불운

2018년 5월, LG의 구본무 회장이 타계하면서 23년간 이어진 LG의 3세 경영이 막을 내렸다. 구회장은 GS와 계열분리 이후 30조 원의 매출을 160조 원으로 성장시켰다. 특히 해외매출은 10배 이상 늘어난 110조 원으로 늘려 명실상부한 글로벌 기업으로 키웠다.

그가 존경받는 기업인으로 기억되는 것은 '이웃집 아저씨' 같은 소탈한 품성만이 아니었다. 정경유착의 고리를 끊기 위해 정도경영을 했고, 양보와 타협으로 재벌가에 항용 벌어지는 '골육상쟁'의 분쟁도 겪지 않았다. 갑질과 횡포가 만연한 한국 재벌가의 모습과는 너무 달랐던 구본무. 그를 보내는 사람들의 마음을 더욱 안타깝게 했다.

LG 창업자 구인회 부부 묘소. 부산시 동래구 소재.

창업자 구인회의 묘소가 흉에 걸렸다. 구본무가 오래전에 아들을 먼저 보내고 본인도 장수하지 못한 것은 LG창업자인 그의 조부 묘소에 기인한다는 풍수적 판단이다. 배위(配位)의 묘소도 자리가 아니다.

– 구본무 회장은 인화원에 안장하지 않고 화담숲에 수목장으로
  모셨다고 한다.

정치는 입신인데,
김종필 선영

    2018년 6월 23일 김종필 전 총리가 타계하면서 DJ, YS와 더불어 현대 정치사의 40년을 풍미했던 삼김(三金)시대가 막을 내렸다.1926년 부여에서 태어난 JP는 서울대와 육군사관학교를 졸업했다. 1961년 처삼촌인 박정희와 5·16 쿠데타를 주도하고, 중앙정보부 부장에 취임하며 현대정치사의 주역으로 떠올랐다. 그리고 1963년 공화당 창당을 주도하고 그해 11월에 치러진 6대 총선에서 당선된 뒤 7·8·9·10·13·14·15·16대까지 당선되어 9선 국회의원을 지냈다.

    그러나 공화당 창당과정에서 증권파동을 비롯한 이른바 '4대 의혹사건'에 휘말리면서 1963년 2월 '자의반 타의반' 첫 외유를 떠났다. 그리고 한일 국교정상화 회담의 주역으로서 핵심쟁점이던 대일 청구권 문제와 관련된 '김종필·오히라 메모' 파동으로 6·3사태가 일어나자 1964년 또다시 2차 외유길에 올랐다. 이후 1971년부터 1975년까지 4년 6개월 간 국무총리를 지내며 승승장구했으나, 1980년 신군부의 등장과 함께 '권력형 부정축재자'로 몰려 고초를 겪기도 한다.

JP 조부모 묘소. 부여 지티리 소재.

  후손들이 유족하게 살기에는 넉넉한 혈처이나, 9선 의원과 총리
를 두 차례 역임한 것은 이 묘소의 역량에 기인한 것은 아니다.

  JP는 1984년 미국으로 건너가 유랑생활을 하다 1986년 귀국하여
신민주공화당을 창당하고 1987년 13대 대선에 출마했지만 낙선한
다. 그러나 1988년 치러진 13대 총선에서 충청권을 기반으로 35명
의 국회의원을 당선시키며 지역의 맹주로 정치 일선에 복귀한다.
  그는 1990년 2월, 민정당의 노태우, 민주당의 YS와 당을 합치면
서 민자당을 탄생시켰다. 그리고 1992년 대선에서 YS를 지원했으나
정권을 장악한 민주계 인사들은 JP의 퇴진을 요구했다. 이에 JP는
민자당을 탈당하고 자유민주연합을 창당한다

JP는 1996년의 제15대 총선에서 국회의원 50석을 확보함으로써 제
2 야당의 지위와 국회운영의 캐스팅 보트를 쥐고 건재함을 보여줬
다. 그리고 1997년에 치러진 대선에서는 DJ와 연합하여 헌정사상 최
초로 정권교체를 이끌어내며, DJP 공동정부의 총리직을 맡는다.

　　그러나 2000년 제16대 총선결과 원내교섭단체 구성의 실패, 2004
년 17대 총선에서 4석을 건지는 초라한 성적이 나오자 정계를 은퇴
한다.

JP 증조모 은진 송씨 묘소. 부여군 장항리 소재.

　　이 묘소를 보고 JP의 화려한 현달이 납득되었다. 상당한 역량의
혈처에 잘 모셨다. 그리고 주변은 길흉이 뒤섞여 있지만, 명혈을 골
라 쓰면 JP에 버금가는 인물이 태어날 터인데….

JP 부모님 묘소. 예산 동막골 소재.

2002년 12월의 제16대 대통령 선거를 1년 6개월 앞두고 이장했다. 왕기가 서린 곳이라고 소문이 났지만, 기실 흉지에 불과한 곳이었다. 이곳으로 부모님을 이장하고 대권은 고사하고 10선 의원의 기록도 무산되었다.

JP 묘소. 부여군 가덕리 소재.

JP는 2015년 12월에 타계한 부인 박영옥 여사와 합장으로 모셨다. 석재지붕을 한 JP의 묘소를 중심으로 좌우에는 형제들의 묘소다. 자리가 된 곳은 하나도 없고, JP묘소가 흉지의 핵심이다.

JP 부모님 묘소 후경. 가덕리 소재.

JP 묘역 뒷산을 올라가보니 예산 동막골로 이장했던 묘소를 다시 이곳으로 이장했다. 이 묘소 또한 흉지에 불과한 곳이다.

정치는 입신의 경지에 이르렀다는 JP가 묘사(墓事)만은 연이어 악수(惡手)를 두었다는 생각이다. 후손들의 안위가 걱정스러울 정도다.

명당에서 흉지로 이장한 이해찬 선영

  청양을 지나는 중이었다. 문득, 얼마 전에 별세(2017. 10. 31일)한 이해찬 전 총리의 모친을 어디에 모셨는지 궁금해졌다. 사람의 운명이 바뀌는 중요한 계기는 부모님이 별세한 후, 어느 곳에 장사를 지내느냐에 달렸기 때문이다.

  이해찬은 1952년 이인용의 5남 2녀의 3남으로 태어났다. 이인용은 해방 후 32살의 나이로 청양면장을 맡아 4·19혁명 때까지 면장을 지냈다. 자유당 시절, 야당후보로 면장에 당선될 정도로 지역민들의 신망이 두터웠다.

  1972년 10월 유신으로 휴교령이 내리자 고향에 내려온 이해찬에게 "나라가 이 모양인데 학생들이 데모도 하지 않느냐"고 질책한다. 당시 민주화 운동은 투옥과 고문이 뒤따르는 엄혹한 상황인 것을 모를 리가 없었을 터인데. 이해찬은 1974년에 민청학련 사건으로 투옥되었고, 1980년에는 복학을 했지만, 전두환 정권에 의해 또 다시 투옥되어 2년 6개월간 옥고를 치른다.

  석방 후 민주화운동을 하던 이해찬은 1988년에 제13대 국회의원에 출마한다. 민정당의 김종인(민주당 비대위원장 역임)과 민주당의 김수한(국회의장 역임)을 물리치는 기염을 토한다. 이후 관악구에서 17대

(2008년)까지 연이어 5번을 국회의원에 당선되었다.

1995년 7월에는 조순이 서울시장에 당선되자 정무부시장을 역임하고, 1998년 2월에는 DJ 정부에서는 교육부 장관에 임명된다. 그리고 노무현 정부에서는 2004년 6월부터 1년 9개월간 국무총리직을 맡았다. 그는 노무현의 역할분담에 따라 역대 총리 중 가장 강력한 권한을 행사한 실세 총리로 불렸다.

2007년 민주당이 대선에 패배하자 이해찬은 책임을 통감하고 2008년 총선 불출마를 선언한다. 그러나 4년 후인 2012년, 제19대 총선을 불과 22일 앞두고 세종시에 출마를 선언한다. 그의 상대는 충남지사를 3번 역임한 충남의 맹주 심대평이었다. 예상과 달리 이해찬은 압도적인 지지로 당선되었다. 그리고 2016년 4·13총선에서 비대위원장 김종인은 그를 공천 탈락시켰지만 무소속으로 당선되어 7선의원으로서 민주당에 복귀한다.

이해찬은 "정치는 안 하겠다"는 문재인을 정치권으로 끌어들이고, 2017년 5월 대선에서 선대위원장을 맡아 문재인 정부 탄생의 일등공신이 되었다. 그는 국회의원 선거에 7번 출마하여 100% 당선되었고, 2번의 서울시장 당선에 기여했으며, 문재인 승리를 이끌어냄으로써 '선거의 제왕'이란 타이틀에 화룡점정(畫龍點睛)을 찍은 셈이었다

도대체 선영의 묘소가 얼마나 좋기에 이해찬이 국회의원 당선율 100%의 7선의원을 기록하며 국무총리까지 역임했을까.

이해찬 전 총리 선영. 청양군 주정리 소재.

선영 상단에 자리한 조부모 묘소(자주색 원내).

어떤 풍수가는 안산(앞산)이 깎여 풍수가 나빠졌다고 말하나, 이 해찬의 조부모 묘소는 명당에 모셨으며 특히 조모의 묘소는 이해찬의 정치역정에 강력한 풍수적 뒷심이 되었다.

그런데 이해찬 모친이 별세한 후 간산한 선영에는 모든 묘소들이 없어졌다. 여기저기에 확인을 해보니, 선영을 공원 묘원으로 이장했다고 한다.

이장한 이해찬 선영. 세종시 산울리 소재.

사진 중앙 전면이 이해찬 부모님, 그 뒤가 조부모 묘소(홍선 표시) 9 위의 묘소가 모두 자리가 아닌데, 이해찬 부모 납골묘가 흉지의 핵심이다.

이해찬의 화법은 논리적이며 직설적인 속사포였다. 요즘 유행하는 '사이다'의 청량감을 뛰어넘는 촌철살인의 통쾌함이 담겨있었다. 근래에 어눌해진 말투와 느려진 동작은 민주화운동 과정에서 고문을 당한 후유증도 있지만, 흉지로 이장한 선영도 불리한 영향을 주고 있다는 판단이다.

이해찬은 2018년 8월에 치러진 당 대표 선거에서 42.88%로 당선이 되었다. 이장을 하지 않고 선거를 치렀다면 50%를 상회하는 득표도 가능했을 것이다. 중요한 시기에 당 대표가 된 이해찬의 앞날이 조심스러울 뿐이다.

> 〝
> – 가족납골당을 만들 경우, 문중에서 가장 좋다고 전해지는 묘소의 자리에 납골당을 만드는 것도 좋은 방법일 것이다. 그런데 이해찬 문중은 이와 정반대로 이장하였다. 원래의 선영에 대명당을 비워둔 채로….
> 〞

대권도 가능한
이낙연 선영

  총리의 언어가 장안의 화제가 되었다. 2017년 9월의 대정부 질문에 대한 답변이었다.

  김 의원: 트럼프 대통령이 아베 총리와 통화를 하면서 한국이 대북대화를 구걸하는 거지같다는 기사가 나왔습니다.

  이낙연: 의원님이 한국 대통령보다 일본 총리를 더 신뢰한다고 생각하지는 않습니다.

  김 의원: 문재인 정권은 최순실 국정농단의 가장 큰 수혜자가 아닙니까.

  이낙연: 최순실 국정농단의 짐을 떠안은 것이 저희들로서는 불행으로 생각하는데, 어떻게 수혜자가 될 수 있겠습니까.

  박 의원: KBS나 MBC에서 불공정 보도를 한 것을 보신 적 있습니까.

  이낙연: 잘 안 봅니다. 오래전부터 좀 더 공정한 채널을 보고 있습니다.

  김 의원: 지금 안보예산이 아닌 복지예산을 늘릴 때라고 보십니까.

  이낙연: 복지예산이 늘어난 것은 대부분 지난 대선 때 모든 정당들이 공통적으로 공약한 사항들이라 먼저 이행하고 있는 것입니다.

정부를 질타하던 의원들의 말문이 막혀버리는 진풍경이 벌어졌다. 느릿한 저음의 절제된 언어로 상대의 의표를 찌르고, 때로는 강하면서 때로는 허무하다 싶을 정도로 상대의 힘을 쭉 빼놓는다. 내공이 깊은 고수의 초식(招式)이다.

그의 언어는 글에서도 빛났다. 노무현 대통령은 취임 준비팀에서 만든 취임사가 맘에 들지 않자 급히 이낙연에게 손을 보게 한다. 노무현은 극찬하며 토씨 하나 고치지 않고 대통령 취임연설을 했다.

이낙연 증조모 묘소. 고창 석교리 소재.
묘소는 외관상 볼품이 없으나 대명당의 혈처이다.

증조모 맥로도.

　동북방의 무장면 왕제산에서 출발한 맥로가 신대와 석교의 경계 산을 넘어와 너른 밭을 지나서 묘역의 뒤로 입맥하여 결혈한다. 이 낙연은 증조모 묘소의 정기를 받고 태어났다는 생각이다.

　　– 칠암리 산상에 모신 증조부 묘소는 흉지다.

이낙연 조모 묘소. 고창 장곡리 소재.

맥로는 동북방 두암리에서 출발한다. 야산을 따라서 내려오던 맥로는 좌선(左旋)하여 천전도수(穿田渡水)로 묘소의 뒷산으로 건너온다. 동쪽의 후룡을 타고 내려온 맥로가 우선(右旋)하면서 결혈한다. 묘소 전면에 펼쳐진 창판수도 일품이다.

장손자인 이낙연을 끔찍이 귀여워했다는 할머니, 사후에도 이낙연에게 상당한 풍수적 뒷심이 되어주고 있다.

이낙연(1952년생, 전남 영광)은 가난한 집안에서 7남매의 장남으로 태어났다. 초등학교 시절, 수업이 끝나면 부모의 농사일을 도와야했고 중학교의 진학은 생각지도 못했다. 6학년 때, 담임선생 박태종은 그의 인생항로를 바꿔놓았다. 그는 이낙연에게 참고서를 사주면서, 회초리를 들고 독려했다. 가정형편상 광주 유학은 꿈도 꾸지 못한 부모님을 설득한 것도 박태종 선생이었다.

광주일고를 졸업하고 서울법대에 들어갔으나, 선배와 친구의 하숙집을 전전한 그는 고시공부를 할 형편이 못되었다. 1979년에 동아일보에 입사한 그는 동교동을 취재하면서 DJ를 만났고, 그를 통해서 정치적 안목을 키웠다.

DJ는 팩트에 기반한 보도와 분석력이 뛰어난 이낙연의 기사를 좋아했다. 얼마 지나지 않아 DJ는 바이라인(by-line)이 없어도 이낙연이 쓴 글은 알아봤다. DJ는 1989년부터 이낙연에게 정계입문을 권유한다. 고사를 거듭하던 그를 공천하여 16대 국회에 등원시킨다.

그는 2002년 제16대 대선후보로 노무현을 지지했고, 당선인 대변인을 맡는다. 2003년 친노계 인사들이 열린당을 창당하고, 노무현도 그의 동참을 요구했다. "사람이 그렇게 변하면 못쓴다"는 어머니의 말씀을 듣고 민주당에 잔류했고, 이후 4선 의원 기간 동안 당적을 한 번도 바꾸지 않았다.

그는 4선을 하는 동안 5번의 대변인을 맡아 '5선 대변인'이라는 별명을 얻기도 했다. 또한 그는 국정감사 NGO 모니터단으로부터 10여 차례 국정감사 우수의원에 뽑혔으니, 대변인과 사무총장으로 일한 시기를 빼고는 매년 상을 받은 셈이다.

이낙연 조부 묘소. 영광군 삼당리 소재.

외관은 보기 좋게 단장했으나 흉지이다. 이 묘소 바로 뒤에 엄청
난 대명당을 놓쳐버렸다.

이낙연은 2014년 지방선거에서 77.85%의 압도적인 지지로 전남지
사에 당선된다. 그의 꼼꼼한 업무 스타일과 현장확인 행정으로 '이
주사'란 별명이 붙었지만, 일과가 끝나면 직원들과 막걸리를 마시
며 격의없는 소통을 즐겼다. 그는 지사 시절 정책을 알리는 용도로
『농업은 죽지 않는다(2012년)』라는 책을 썼는데, 이는 지방의원들이
지금도 참고자료로 활용할 정도라고 한다.

총리로 지명되자, 전남지사 퇴임식 다음 날 만나러 간 사람들이
세월호 유가족이다. "총리가 돼도 번호를 바꾸지 않을 테니 언제든

지 전화 주십시오"라며 휴대폰 번호가 적힌 명함을 건넸다.

이낙연 부모 묘소. 영광군 용덕리 소재.

부친은 1991년, 모친 2018년 3월 별세하셨는데 속칭 전형적인 무해무덕한 자리다. 그러나 풍수적으로 좋은 곳은 아니다.

문재인 대통령이 이낙연을 총리로 지명하자 청와대는 "해외 특파원 3년을 포함한 언론인 21년, 국회의원 4선, 도지사로서 3년의 풍부한 식견과 경험을 가졌다"며 발탁 배경을 설명했다. 하지만 이낙연은 2012년 18대 대선에서 문재인 캠프의 선대위원장을 맡았을 때부터 문재인의 마음속에 새겨진 인물이었을 것이란 평가다.

이낙연이 DJ, 노무현과 문재인의 각별한 신임을 받고, 남들이 부러워하는 정치역정을 걸어온 것은 대명당인 증조모와 조모 묘소의 못바람 덕이었을 것이다. 그러나 위로 3명의 형제가 어려서 세상을 뜨고, 어려운 가정형편과 간난(艱難)했던 젊은 시절, 외아들이 7차례의 전신마취 수술을 받으며 생사의 기로에 섰던 것 등은 흉지에 자리한 증조부와 조부 묘소의 영향일 것이다. 이문(李門)의 선영에는 대명당이 방치되어있다, 후손의 안위와 세상을 위해서는 풍수적 고려를 해야 할 때라는 생각이다.

영욕이 뒤섞인
김기춘 선영

 2014년 1월, 김기춘이 청와대 비서실장으로 막강한 권력을 행사하던 때에 그의 선영을 간산했다.

 김기춘의 고향 거제도 시방리는 갈바산을 중심으로 상하(남북)로 나뉘는데, 북쪽의 속칭 살방 동네에서 그가 자랐고, 지금도 그의 형수가 살고 있다고 한다. 그의 부모님 묘소는 절골이란 동네 뒷산인데, 갈바산 입구의 버스 정류소 지점의 맞은편 소로를 따라 1Km를 가면 쉽게 찾을 수 있다.

김기춘 부모님 묘소. 장목면 시방리 소재.

필자의 카페에 간산기록을 남겼다.

'모친(묘소)은 정승판서가 가능한 역량의 혈처에 모셨다. 그러나 부친 묘소는 대흉에 걸려 김문(金門)의 어려움은 이 묘소에 기인한다. 부모님 묘소 하단에 자리한 김실장 형님의 묘소도 대흉에 걸렸다.'

뒷산 정상에서 내려온 맥로가 모친 묘소에 정확히 혈을 맺었으나, 결혈한 뒤에 맥로의 방향(趨向)이 청룡방(왼쪽)을 향하여 부친의 묘소와 하단의 형님 묘소는 면배의 배(背)에 해당하고 흉지에 자리한다. 모친의 묘소가 좋기는 하나, 사법고시에 패스한 이후 위기의 순간도 절묘하게 피하면서 50년 넘게 승승장구했던 그의 관복을 설명하기에는 부족한 느낌을 떨칠 수 없었다.

그의 조년은 가정형편이 어려웠지만 공부를 잘하여 서울법대에 합격하고, 2년 만에 사법시험에 합격해 해군 법무관으로 군복무를 하고 5·16 장학금을 받으면서 대학원을 마치고 대위로 전역한다.

그가 박정희 대통령의 신임을 받은 계기가 있었다.

첫째, 그는 유신헌법의 초안 실무 책임자였고, 그 공로로 1973년의 인사에서 사시 4년 선배인 8기들과 함께 부장검사급으로 승진한다.

둘째, 1974년 8월에 육영수 저격사전이 발생했다. 문세광이 묵비권을 행사하여 조사가 지지부진이었다. 이때 투입된 김기춘은 그를 취조하여 진술을 받아낸다. 정보부의 수사국장으로 승진한 요인이 되었다.

1977년 10월, 전방부대 대대장의 월북사건이 발생하자 김기춘은 보안사의 권한을 축소한다. 2년 뒤, 박 대통령이 타계하자 상황이 역전되고 중정 간부들은 보안사에 끌려가 수모를 당했다. 주요 타깃이었던 김기춘은 한발 앞선 79년 1월에 청와대에 입성하여, 보안사의 보복을 피해갔다.

1992년 12월, 김기춘은 부산 초원복집에서 주요 기관장들을 모아놓고 지역감정을 선동하는 불법선거운동을 한다. 그 유명한 '우리가 남이가' 발언도 나왔다. 모임에 참석자들은 아무도 처벌받지 않고, 오히려 불법모임을 밝혀낸 사람들이 옥고를 치른다. 이 사건을 맡았던 김진태 검사와 정원홍 부장검사는 박근혜 정부의 검찰총장과 국무총리를 맡게 된다.

김기춘은 1995년 한나라당의 공천을 받아 국회의원에 내리 3번을 당선되어 법사위원장을 맡는다. 2004년 3월, 한나라당이 노무현을 탄핵할 때 헌재에 탄핵안을 제출한 사람이 김기춘이다.

2013년 8월, 대통령 비서실장으로 취임하자, 채동욱 검찰총장을 경질하고 국정농단의 핵심으로 의혹을 받았다. 기춘대군이라 불렸던 그도 문고리 3인방과 최순실에게는 무기력했다는 평가다.

김기춘 조부모 묘소. 갈바산 공동묘지의 정상에 자리한다.

　조부모 묘소는 엄청난 대명당에 자리한다. 인근의 YS 선영보다
더 막강한 풍수파워를 보유하고 있다. 50년간 승승장구했던 김기
춘 관복의 원천이 이곳이다.

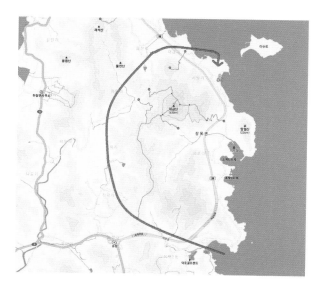

조부모 묘소 맥로도.

덕포에서 출발한 맥로는 대금산 뒤를 감아돌면서 살방동네를 경유하여 바다로 진입한다. 바다로 잠입했던 맥로가 다시 갈바산 허리를 치고 올라와 김기춘 조부모 묘소에 정확히 결혈했다.

광명정대한 권력의 항성이 되고자 했으면 대권도 가능했을 역량의 혈처인데, 권력의 행성이 되고자 했던 그의 행보가 아쉬울 뿐이다. 흉지에 자리한 부친 묘소가 가내(家內)의 불상사와 김기춘 말년의 수난을 초래했다는 생각이다.

> - 기는 바람을 타면 흩어지고, 물을 만나면 멈춘다는 이론이 맞지 않음을 보여주는 현장이다.
> - 혈처를 감싸주는 청룡과 백호가 없이도 대명당을 맺은 곳이다.
> - 대명당이라도 흉지의 기운을 상쇄하지 못한다. 명당은 명당대로, 흉지는 흉지대로 그 기운이 작동한다.

과욕이 앞선
김무성 선영

　김무성은 YS를 통해서 정치에 입문했다. YS가 대통령이 되자 내무부 차관으로 발탁되었고, 1996년 15대 국회의원에 당선된 이래 6선을 기록했다. 한나라당의 요직을 모두 거쳤으며 2014년에는 여당의 대표 최고위원이 되었다.

　2014년 7·30 재·보궐 선거가 15개 선거구에서 치러졌다. 여당인 새누리당은 11곳에서 승리하고, 야당은 참패한다. 야당이 거둔 4곳의 승리도 호남 3곳을 제외하면 경기에서 단 1석만 건졌을 뿐이다. 재·보궐 선거 직후 실시한 리얼미터의 대권주자 여론조사에서 김무성은 16.1%의 지지율을 얻으며 1위를, 문재인은 13.7%로 3위를 기록했다.

　2016년 4월 13일, 20대 국회의원 총선에서 김무성이 대표인 새누리당은 180석까지 가능하다고 자신했지만 결과는 여소야대라는 참패를 겪는다(더민주 123석, 새누리 122석, 국민당 38석, 정의당 6석, 무소속 11석). 선거가 끝난 다음 달인 2016년 5월에 김무성 대표의 조모와 부친을 경남 함양으로 이장했다는 언론보도가 나왔다. 대선을 염두에 둔 행보라는 것이었다.

　필자는 2014년 3월과 2015년 2월에, 김무성의 선영이 있는 함양과 서울 우이동의 묘소들을 간산한 적이 있었다. 그러나 이장을 했다는 뉴스를 보고 2016년 6월 함양의 김무성 선영을 다시 간산했다.

김무성 고조부모 묘소. 함양군 신천리 소재.

묘소 하단에 축대를 쌓고 비석 등을 정리했다. 상하장으로 모신 고조부모 묘소는 흉지에 불과하다.

증조 묘소 뒤로는 탐랑성이 있어 벼슬하는 후손이 나왔다는 주장도 있다. 이는 결과를 보고 풍수로 합리화한 것이란 생각이다. 왜냐하면 이 묘소 또한 흉지에 불과하기 때문이다.

김무성 증조부모 묘소. 함양군 이은리 소재.

김무성 조부 묘소. 함양군 유평리 소재. 원래는 봉분을 석판으로 씌었었다.

　김해(金海) 김문(金門) 묘소 중에 역량이 가장 좋은 곳이다. 이 묘소로 후손이 재부(財富)를 이루고 현달이 가능했다. 2014년 3월, 필자의 카페에 '총리나 당대표까지는 가능한 자리'라고 기록해 놓았다.

김무성의 조모와 부친의 이장을 주관한 선생의 설명이다.

"함양군 선영은 풍수적으로 명당에 해당된다. 이번에 이장한 조상 묘는 앞으로는 다섯 개의 안산이 자리하고, 뒤로는 지리산의 기운을 모아주는 길지(吉地)에 해당한다. 이장 과정에서 명당에만 나오는 오색토(五色土)가 출토되었다."

김무성 조모 묘소. 우이동에서 이장.

봉분의 모양도 제왕을 상징하는 제(帝)자 모양으로 조성했다. 김무성의 조모는 1963년, 서울 우이동에 모셨다가 이곳으로 이장하였다. 2015년 2월, 필자가 우이동의 조모 묘소에 대한 간산평을 남겼다. '함양에 있는 조부 묘소와 역량이 비슷하다.'

즉, 김문에 풍수적 뒷심이 되었던 것은 함양의 조부 묘소와 우이동의 조모 묘소였던 것이다. 이장한 조모 묘소는 대흉에 걸렸다.

김무성 부친 묘소. 우이동에서 이장.

우이동에 모셨을 때의 부친 묘소는 소지소혈이지만 자리는 된 곳이었다. 이곳은 흉지에 불과하다.

김문(金門) 선영은 이제 김무성 조부를 제외하고 모두 흉지에 자리하니, 흉다길소(凶多吉少)의 형국이 되었다. 김무성에게는 더욱 불리한 묘소가 있다. 2013년 11월, 김무성은 모친이 별세하자 원불교 영묘원에 모셨다.

김무성 모친 묘소. 익산 영묘원 소재.

영묘원에는 최악의 흉지가 두 곳이 있다. 하나는 언론사 홍회장 모친 묘소이고 또 하나가 김무성 모친 묘소다. 기실 김무성의 정치적 위상이 흔들리기 시작한 것은 모친의 묘를 쓴 이후라는 것이 필자의 판단이다.

김무성 장인. 최치환 의원 묘소. 서울 동작동 소재.

이 또한 흉지에 자리한다. 이 묘소는 김무성에게 미치는 풍수적 영향은 거의 없으나, 그의 부인과 자녀들에게는 불리한 영향을 준다. 자녀에게 외조부 묘소가 미치는 풍수적 영향은 친가의 조부 묘소가 주는 영향과 대등하기 때문이다.

"
- 김무성은 2018년 6·13 선거에서 한국당이 대패하자 2020년 총선 불출마를 선언했다. 대권후보 1순위로 거론 되던 김무성. 그의 정치생명은 물론 후손들의 안위마저 조심스런 상황이란 풍수적 진단이다.
"

대권에서 멀어진
박원순 선영

박원순은 1956년 경남 창녕에서 태어났다. 1974년, 경기고를 졸업하고 대학에 입학했으나 유신반대 학생운동으로 제적되고 구속된다. 그는 1980년 사법시험에 합격했고, 문재인과는 사법연수원 동기이기도 하다. 그는 1년간의 검사생활을 마치고 조영래 변호사와 인권변호 사건에 전념한다. 서울 미문화원 점거 사건, 부천서 성고문 사건 등을 변론한 것이 대표적이다.

박원순은 1994년 참여연대를 설립한다. 총선에서 당선과 낙선운동을 주도했으며 소액주주 권리찾기 운동을 전개한다. 또한 아름다운 재단을 만들어 기부운동을 시작하기도 했다.

그러나 그가 대중들에게 널리 알려진 것은 2011년 10월의 서울시장 보궐선거였다. 여론조사에서 50% 이상의 지지율을 보인 안철수가 박원순에게 서울시장 후보직을 양보한 것이다. 박원순은 지지율이 급상승하면서 53.4%의 득표율로 한나라당의 나경원을 꺾고 서울시장에 당선되면서 화려하게 정계에 입문한다.

2014년 6·4 선거에서도 56.1%의 득표로 새누리당의 정몽준을 누르고 재선에 성공한다.

재선에 성공한 박원순은 2015년에 메르스 사태가 발생하자 박근혜 정부와는 달리 과감한 조치를 단행한다. 정부와는 반목했지만 야권의 대권후보 지지율에서는 1위를 기록하기도 했다.

그는 2017년 민주당 대선후보 경선에 출마를 선언했지만 부진한 지지율을 반등시키지 못하고 중도 사퇴한다.

2018년 6·13 지방선거 서울시장 후보로 박원순, 김문수, 안철수의 3파전이 벌어졌다. 박원순은 3파전에서도 52.8%의 득표율로 당선되어, 차기 대선의 확실한 후보로 자리매김하게 되었다. 7년 전 박원순에게 서울시장 후보직을 양보했던 안철수는 19.6%의 득표에 그쳐 정치적 타격을 입는다.

2011년 9월, 박원순 부모 묘소를 처음 간산한 후 부친의 묘소는 서울시장이 충분히 가능한 자리라고 카페에 기록을 남겼다. 그리고 2016년 11월, 박원순의 고조부에서 부모 묘소까지 4대의 묘소를 모두 간산하였다. 고조·증조·조부모 묘소는 대권과는 거리가 있는 묘소였다. 얼마 전(2018.9.10)에 창원을 가는 길에 다시 박원순의 선영을 간산했다.

박원순 조부모 묘소. 창녕군 장가리 소재.

조부모 묘소 맥로도.

묘소 전면의 야산에서 출발한 맥로가 직진으로 행도를 하며 밭을 건너 거슬러 올라와 혈을 맺었다. 운이 좋으면 장관까지는 가능한 역량의 혈처이다.

박원순 부모묘. 조부모와 동소.

예전에 없던 묘소를 보고 의아하게 생각했다. 아래로 내려가 보
니 원래 있었던 부모묘를 뒤(위)로 이장하였다.

부모 묘소 맥로도.

원래 모셨던 곳이 상당한 명당으로 서울시장 당선에 풍수적 뒷심이었다. 이장한 부모 묘소는 앞에 있는 대명당의 여기(餘氣)에 해당하는 곳이다. 후손들이 유족하게 사는 데는 무난하고, 관직은 사무관까지도 가능한 자리다.

> – 조모를 조부와 합장한 것은 풍수적 뒷심을 배가시켰지만, 부모 묘소를 상단(뒤)으로 이장한 것은 박문(朴門)의 풍수파워를 현저히 감소시켰다. 대권은 물 건너갔다는 생각이다.

6·13 선거의 격전지,
김태호·김경수 선영

2018년 6·13 지방선거의 최대 격전지이자 관심지역은 경남도지사 선거였다. 보수의 텃밭인 경남에서 한국당이 수성을 할 것인지, 민주당이 지역구도의 벽을 깰 것인지가 정계와 국민들의 관심사였다.

2018년 6·13 지방선거를 두 달 앞둔 시점, 김태호와 김경수의 선영을 간산했다. 언론에서도 접전을 벌이고 있는 경남지사 선거를 연일 상세하게 보도하였다. 한국당은 경남지사와 국회의원을 역임한 김태호를 출전시켰고, 민주당은 노무현의 '마지막 비서관'이자 문재인의 복심(腹心)인 김경수를 공천했다. 두 사람은 2012년 4월, 19대 총선(김해 을)에서 대결하여 김태호가 5,133표 차이로 승리한 적이 있다. 그래서 김태호의 연승이냐 김경수의 설욕이냐가 또 다른 관전 포인트이기도 했다.

두 후보자의 정치적 이력을 살펴보자.

김태호(金台鎬: 1962년생, 거창)는 대학을 입학할 때 김동영의 선거운동을 하면서 현실정치를 견학한다. 이후 거창 국회의원 이강두의 보좌관으로 정치에 입문했다. 1998년 제2회 지방선거에서 도의원에 당선되고, 4년 뒤인 2002년에는 거창군수로 당선된다. 군수 재직중인 2004년에 경남지사 보궐선거에 출마하여 61.6%의 득표율로

도지사에 당선되니 그의 나이 41세였다. 2006년의 제4회 지방선거에서 63.1%를 득표하여 경남 도지사 재선에 성공한다. 2010년 6월, 도지사 3선이 유력하던 김태호가 불출마 선언을 하여 사람들의 궁금증을 자아냈다. 2010년 8월, 이명박은 40대인 김태호를 총리후보로 내정했지만 인사청문회 과정에서 불거진 각종 구설과 논란으로 상처만 입고 사퇴한다.

2011년 4월, 김태호는 김해 을 보궐선거에 출마하여 야권 단일후보인 이봉수를 상대로 51.01%를 득표하여 18대 국회에 입성한다. 그리고 2012년 4월에 치러진 제19대 총선에서 52.11%의 득표율로 재선에 성공한다. 이어 2014년에는 새누리당 최고위원에 선출된다. 최고위원임에도 20대 총선 불출마 선언을 하고 미국으로 유학을 떠나자 대선을 염두에 둔 행보라는 분석이 뒤따랐다.

2017년 3월에 박근혜가 대통령 직에서 파면되고 5월에는 문재인이 대통령에 당선된다. 급격히 기울어진 정치지형에 한국당은 보수의 아성인 경남을 지키기 위하여 김태호를 경남지사 후보로 출격시켰다.

김태호 증조 묘소. 거창군 일부리 소재.

　김태호의 증조 묘소는 만두형세로는 비계산에서 낙맥한 것으로
보이지만, 기(氣)의 흐름인 맥로의 출발점은 묘소의 건해(乾亥: 북북서)
방향에 있는 장군봉에서 출발한다. 맥로는 직행의 행도를 해 오면
서 묘소 바로 뒷부분에서 약간 우회하여 묘소에 정확히 혈을 맺었
다. 증조 묘소의 파워는 당대표나 국무총리도 가능한 역량이다.
　증조 묘소에 결혈을 하고 청색선과 같이 여기(餘氣)의 범위가 전면
으로 향한다. 그래서 증조 묘소 하단에 있는 백(伯)조부모 묘소도
자리가 좋다.

김태호 조부 묘소. 거창군 수월리 소재.

청룡방에 모셨던 조모는 이장했다. 묘역 일대가 좋은 곳이 거의 없고, 조부 묘소는 흉에 걸렸다.

김태호 조모 묘소. 거창군 수월리 소재.

조모 묘소는 조부 묘소로 진입하는 초입에 자리하는데, 원래의 자리보다 더 나쁜 곳으로 이장했다. 묘역 안의 흉지의 핵심에 자리한다. 김태호의 승승장구했던 관복은 증조 묘소의 발음 덕분이지만, 국무총리 낙마와 2018년 6·13의 패배는 조부모 묘소의 기운이 작동한 것이다.

김경수(金慶洙: 1967년생, 경남 고성)는 서울대학 재학시절인 1989년에 학생운동을 하다 투옥된다. 1994년, 신계륜 의원 보좌관으로 정치에 입문한 김경수는 2002년에 노무현 대선 캠프에 합류하면서 노무현과의 인연이 시작되었다. 대통령 인수위를 거쳐 청와대 국정상황실 행정관, 연설기획비서관, 공보비서관을 지내는 동안 김경수는 노무현의 최측근이 되어 있었다.

2008년, 퇴임한 노무현을 따라 봉하마을로 내려와 보좌하니, '노무현의 마지막 비서관'이란 별명이 붙었다. 노무현이 별세하자, 중앙정치와는 거리를 두고 봉하재단의 일을 맡고 있었다. 2011년, 민주당에 입당한 김경수는 김해 을에서 19대 총선에 출마했으나 김태호에게 5,133표 차이로 석패한다. 2014년, 경남도지사에 도전하지만 홍준표에게 353,795표 차이로 대패하나 김해에서는 3,430표를 앞서는 정치적 자산을 확인하기도 했다. 2016년, 총선(김해 을)에서는 압도적인 62.38%를 득표하여 국회에 입성한다.

김경수는 2012년의 대선에서 문재인의 수행팀장을 맡았고, 2017년 대선에서도 문재인을 그림자처럼 수행했다. 문재인의 복심(腹心)이라 불리게 된 이유이다. 민주당은 2018년 6·13지방선거에서 부·울·경벨트를 석권해야 진정한 승리라고 생각했다. 현역의원인 김경수를 경남지사 후보로 투입한 것은 고육지책(苦肉之策)의 카드였다.

김경수 선영. 고성군 오산리 소재. 묘소는 위에서 아래로 증조부, 조부모 형제, 그리고 김경수 부친 납골묘. 2016년 7월, 부친이 별세하자 화장하여 가족 납골묘를 조성했다.

김경수 부친, 김문삼 묘소.

상당한 대명당에 모셨다. 필자는 이 묘소의 풍수파워를 확인하고, 2018년 4월 15일 필자의 카페에 "이번 선거에서 경남지사에 당선될 것이라는 풍수적 판단이다"라고 기록했다.

김경수 선영 맥로도.

맥로의 출발은 묘소의 동북방면인 진주 이반성면에서 출발하여 보잠산과 연화산을 경유하여 후고(後靠)인 오두산을 비스듬히 타고 내려온다. 사진 맨 뒤의 증조 납골묘에서 기가 집결·배분하여 두 개의 혈을 맺었는데 그중의 하나가 김경수 부친 묘소이다.

김태호 증조와 김경수 부친의 풍수파워는 우열을 가리기 어려운 명당이다. 혈처의 역량이 대등하여도 부모 묘소가 본인에게 미치는 풍수적 영향은 증조 묘소가 미치는 영향보다 훨씬 크다. 이것이 김경수 승리를 예단한 풍수적 관점이다.

" "

- 김경수 선영의 간산기를 올린(2018.4.15) 이후 드루킹 사건이 불거졌지만 오히려 김경수의 인지도만 높여줬고 선거의 대세에는 큰 장애물이 되지 못했다.

- 김경수가 드루킹 특검을 무사하게 벗어나자, 그의 위상이 대선주자 반열에 올랐다는 성급한 주장이 나왔다. 그러나 풍수적으로는 대선주자급에는 미치지 못하고, 흉지에 자리한 증조와 조부모 묘소는 그의 정치 행보에 걸림돌로 작용할 것이다.

" "

묘소 한 기로 당락이 바뀐,
유승민·김태환 선영

    2016년 4월, 총선을 앞둔 새누리당은 압승을 장담했다. 300석 의석 중에 180석 이상의 승리, 심지어 개헌의석까지도 가능하다고 호기를 부렸다. 민심의 결과는 새누리당의 착각이었음이 드러났다. TK지역에서도 의외의 일이 벌어졌으니, 유승민의 당선과 김태환의 낙선이었다. 그들의 선영에 어떤 일이 생겼기에….

    유승민(1958년생, 경북 대구)은 서울대를 졸업하고, 미국 위스콘신 대학에서 경제학 박사를 받았다. 2000년, KDI에 근무하던 그를 이회창 총재가 여의도연구소 소장으로 발탁하고, 이어 17대 국회에 비례대표로 입성하게 된다.

    유승민은 초선의원 시절인 2005년에 10개월간 박근혜 대표의 비서실장을 지냈고, 2007년 한나라당 대선후보 경선에서도 박근혜 캠프에서 활동했다. 원조 친박으로 분류되었다.

    2011년, 비대위원장이던 박근혜가 당명을 새누리당으로 변경하려 하자 '종교적 색채가 난다'며 반대하였다. '비박·탈박'으로 분류되기 시작했다. 2015년, 유승민은 교섭단체 대표로서 '증세 없는 복지는 허구다'라며 박근혜 공약의 아픈 곳을 지적했다. 그러자 박근혜는 '배신' 운운하며 '자기정치'를 하는 유승민을 원내대표에서 물러나게 한다. 유승민은 속칭 '찍박' 신세가 되었다.

유승민은 이전에도 박근혜의 심기를 거스른 적이 있으니, 2014년 10월의 외통위 국감장에서의 발언이다. '청와대 얼라들'이란 표현으로 문고리 3인방을 우회적으로 비판했다. 박근혜에게 여러 차례 미운 털이 박힌 유승민, 지역구가 TK인 그의 정치생명은 끝났다는 것이 일반적인 평가였다.

유승민 선영을 처음 간산한 것은 2015년 11월이었다.

유승민 증조모 묘소. 영주시 용상리 소재. 묘소의 측면 모습.

상당한 명당이다. 이 정도면 국무총리나 국회의장의 배출도 가능한 역량이다.

유승민 조부 묘소: 영주시 봉암리 소재. 묘소는 흉에 걸렸다.

유승민 조모 묘소. 배위의 하단에 모셨다. 이 또한 흉에 걸렸다.

유승민 형제와 부친의 현달은 대명당인 증조모 묘소의 발음 덕분이고, 유문(劉門)이 어려움을 당한 것은 봉암리의 조부모 묘소에서 기인한다. 유승민의 조부모 묘소를 간산한 필자도 그의 정치생명이 끝났다고 생각했다. 그래서 필자의 카페에 "유승민 의원의 전도가 상당히 어려울 것이다"라는 기록을 남겼다.

그런데 며칠 후에 그의 부친 유수호 전 의원이 별세했다. 유수호 (1931~2015.11.7. 경북 영주)는 1971년에 부산지법 부장판사로 재직 시, 반정부 시위를 주도한 김정길을 석방한다. 이로 인해 박정희 정권에게 미운 털이 박혀 1973년 판사 재임용에서 탈락한다. 이후 그는 민정당 후보로 13대, 14대 국회의원에 당선되었으며, 15대 총선은 불출마를 선언하고 정계를 은퇴한다.

유수호 의원의 빈소에는 여·야 정치권의 조문이 잇달았으나, 박근혜는 조화조차 보내지 않은 것이 주목을 받았다.

유수호 의원 묘소 맥로도

어떤 풍수가는 청룡과 백호가 감싸주는 맛이 없어 묘소의 기운이 허(虛)하다고 했다. 이는 전통 풍수의 고식적 발상이다. 이곳의 맥로는 동쪽인 봉화 방면에서 출발하여 장원한 행도를 경유해 온 것이다. 묘소 근처에서는 청룡방을 거슬러 올라온 맥로가 묘역의 뒤를 감싸면서 유수호 묘소로 정확히 진입·결혈하였다.

2015년 12월 18일, 이 묘소에 대한 기록도 남겼다.

"엄청난 대명당에 잘 모셨다. 새누리당 의원 중 이런 대명당을 쓴 분을 아직 못 봤다. 청와대가 아무리 찍어내려 해도 안 된다."

2016년 총선, 이한구를 앞세운 친박(親朴)은 전략공천을 하고 친이(親李)나 유승민 등은 탈락시키는 전략을 구사한다. 당 대표인 김무성조차 공천권 행사를 못하게 협공을 가했다. 그러자 김무성은 공천장에는 반드시 찍어야 효력이 생기는 당 대표 직인을 챙겨 부산으로 가버렸다. 소위 '옥쇄파동'이었다.

결과적으로 대구 동구(을)에 공천 신청한 친박의 이재만은 출마조차 못하고, 유승민은 무소속으로 75.74%의 압도적인 지지로 당선되었다. 부친이 별세한 지 5개월이 지난 시점이었다.

김태환(1943년생, 경북 선산)은 당을 배신한 적이 없으나, 당은 그를 두 번이나 버렸다. 현역의원인 그가 2008년 총선에서 공천에 탈락한다. 친박인 그를 친이계가 탈락시켰다. 2016년 총선에서도 공천에 탈락한다. 친박인데도 '진박 감별사'의 눈에는 친박이 아니었다. 비운(悲運)을 두 번이나 겪은 그의 선영을 찾아갔다.

김태환 의원 선영. 구미 상장리 오상고교 뒷산.

김태환의 형, 김윤환(1932~2003) 전 의원 묘소. 자리가 아니다.

김윤환은 오랫동안 주일 특파원을 지내면서 일본 특유의 정치문화를 배웠다. 그는 유정회와 비례대표로 국회의원을 지냈지만, 정치적 각광을 받기 시작한 것은 전두환의 마지막 청와대 비서실장을 맡으면서였다. 경북고 동문인 노태우가 대통령에 취임하자 김윤환의 정치 행보에는 탄력이 붙었다. 1988년, 13대 총선에 출마하여 76.1%의 득표로 당선된다. 이후 4당 체제에서 원내총무를 맡으면서 활약하더니, 3당 합당 이후에도 민자당의 원내총무와 사무총장을 맡았다.

1992년 12월의 대선, YS에게 거부감이 많았던 민정계를 설득하여 YS 대통령 만들기에 성공하니 킹메이커(King Maker)로서 영향력이 절정에 달했다.

1997년 12월의 대선, 이회창을 옹립하여 킹메이커로 나섰지만 야당인 DJ에게 정권을 내줬다.

2000년, 제16대 총선에서는 이회창에게 팽(烹)당해 한나라당에서 쫓겨난다. 이후 정치적 재기를 모색했지만 2003년 신장암으로 세상을 떠났다. 허주(虛舟: 김윤환 아호)는 순리를 바탕으로 물 흐르듯이 정치를 했다. 친화력은 당대 최고였다는 평가이다.

김동석은 오상중·고등학교 설립자로, 일제시대에는 항일운동을 하다 옥고를 치렀다. 1958년, 제4대 국회의원을 역임했다.

김태환의 부친, 김동석 전 의원 부부 묘소.

김동석 묘소는 장관을 배출할 정도의 혈처이기는 하나, 김윤환이 대통령 비서실장을 역임하고 두 아들이 합계 8선 의원에 당선될 정도의 풍수파워는 아니다. 배위는 맥로에 걸렸다.

이전에 없었는데, 비문을 보니 경기도에서 이장해 왔다고 적혀있다. 이 일대 흉지의 핵심에 모셨다. 김태환은 2008년 당내 공천에서는 떨어졌지만 본선에서는 당선되었다. 원래 생모를 상당히 좋은 명당에 모셨던 것으로 추정된다. 그러나 생모를 이장한 후인, 2016년에는 친박임에도 공천에서 탈락하고 본선에서도 패했다.

김태환 생모(生母)묘소.

유승민과 김태환, 부모님 묘소 한 기가 총선에서 그들의 당락을 갈랐다. 속발(速發)의 현장이다.

길흉이 제대로 반영된
이재오·강병원·임종석 선영

2009년 여름에 이재오의 선영을 간산했다. 칠곡의 공원묘원에 있는 모친 묘소와 영양군 석보면에 있는 선대 묘소였다. 간산의 시점은 이재오가 18대 총선(2008년 4월)에서 문국현에게 패배하고 미국에서 은둔의 세월을 보내던 때였다. 이재오의 고조와 증조 묘소는 당대표도 가능한 역량이었지만, 모친을 흉지에 모시어 18대 총선에서 패배했다고 생각했다.

이재오 고조부 묘소. 영양군 답곡리 소재.

이재오의 현달은 명당에 자리한 고조와 조부모 묘소에 기인한다. 이재오(李在五: 1945년생, 강원 동해)는 대학 시절 한일협정을 반대하는

6·3 항쟁을 주도한 혐의로 구속되어 제적된다. 이후 1970년대에는 국어교사로 재직한다. 1979년, 유신정권을 비판했다고 체포되어 고문을 당하고 구속된다. 그는 민주화 운동으로 인한 5번의 옥살이 중 3번을 박정희 시절에 겪었다. 훗날 박근혜와 정치적 대립각을 세웠던 원인(遠因)이 되기도 했다. 1990년에는 이우재·장기표 등과 민중당을 창당하고, 1992년 3월에 총선에 출마하지만 17.42%의 저조한 득표에 그친다. 1994년, YS의 권유로 이재오는 이우재·김문수 등과 함께 보수당인 민자당(한국당 전신)에 입당한다. 1996년 4월, 15대 총선에서 은평 을에 출마하여 당선된 이후 16대, 17대를 연이어 당선된다. 그리고 원내대표와 최고위원에 선출되어 2007년 12월의 대통령 선거에서 이명박 당선을 위하여 맹활약했다.

18대 총선에서 당선된 문국현이 선거법 위반으로 당선무효가 되자, 2010년 7월에 실시된 보궐선거에 출마한 이재오는 58.33%의 득표율로 당선된다. 이때부터 이재오는 만나는 사람에게 90도 허리를 굽혀 인사했지만, 특임장관에 임명된 그는 당대의 실세였다. 2012년 4월의 총선에서도 무난히 당선되었지만, 박근혜가 대통령으로 당선되자 그의 정치적 명운에 먹구름이 덮쳤다. 친박들의 농단으로 그의 지역구인 은평 을에는 무공천 사태가 발생했고, 이재오는 무소속으로 출마한다.

2016년 4월의 총선 직전에 이재오의 선영을 다시 방문했다.

이재오 부모님 묘소(사진상 맨 앞). 석보면 답곡리 소재.

부모님 묘소를 이장하여 합장으로 모셨다. 부모 묘소 앞으로는 장형과 둘째 형, 장조카의 묘소가 자리한다. 도처가 흉지다. 경쟁자가 누구이건 이런 흉지에 부모를 모시면 스스로 패한다.

개표결과 정치 신인인 강병원에게 8,300여 표 차이로 패배한다. 이후 이재오는 늘푸른당을 창당하여 2017년 대선에 출마를 하지만, 그의 정치적 존재감은 점차 희미해지고 있다.

강병원(姜炳遠: 1971년생, 전북 고창)은 4살 때 부친이 돌아가고 조부모와 살았다. 1979년, 모친을 따라 형과 함께 서울로 왔다. 모친은 은평구 연신내에서 행운식당이란 음식점을 하며 형제를 키웠다. 강병원은 고교 시절에 1987년의 6월 항쟁을 목격하면서 정치에 관심을 갖게 된다. 대학에 입학하여 학생운동을 하던 그는 1993년에 서울대 학생회장에 당선된다. 그러나 이듬해 2월, 두 형제를 홀로 키워준 모친이 세상을 떠나는 아픔을 겪는다.

대학을 졸업한 그는 종합상사 대우에서 샐러리맨으로 비교적 안정된 생활을 하고 있었다. 그러던 중, 노무현이란 정치인이 세상에 알려지자 회사에 사표를 내고 노무현 캠프를 찾아갔다. 노무현의 가치와 신념이 미래를 바꿀 것이란 생각이 들었기 때문이다. 노무현의 수행비서로 정치에 입문한 셈이었다. 2003년, 노무현이 대통령으로 취임하자, 청대와의 행정관으로 근무한다. 2012년, 19대 총선에서 고향인 고창에 출사표를 던졌으나 경선에서 패배한다.

그리고 2016년, 20대 총선에서는 그가 35년을 살아온 은평 을에서 재도전한다. 그러나 그의 앞에는 당 안팎으로 두 명의 거물이 기다리고 있었다. 당내의 경선 상대는 학생운동의 선배이자 16대, 17대 국회의원과 서울시 정무부시장을 역임한 임종석(나중에 청와대 비서실장)이었다. 강병원이 경선에서 임종석을 물리치자 '이변'이라고 불렸다. 본선에는 여당의 원내대표와 당 대표를 지낸 5선 의원의 이재오가 기다리고 있었다.

이재오의 당선이 일반적인 예상이었다. 강병원의 선거운동에는 공약 이외에 남다른 외침이 눈길을 끌었다. '35년 전 연신내에 홀로 되신 엄마가 식당을 했습니다. 제가 그 행운식당의 둘째 아들입니다'. 강병원의 엄마 마케팅이 주효했는지, 강적 이재오를 물리치고 당선의 영광을 얻었다.

정계의 거물인 이재오를 꺾은 강병원의 선영이 궁금하였다. 2018년 5월, 전북지역을 간산하던 중, 강병원의 인척을 만나 선영을 안내받았다.

강병원 부모 묘소. 고창군 중월리 소재. 근래에 새롭게 사초한 모습이다.

강병원 부모 묘소 맥로도.

홍선으로 표시한 맥로가 사진으로는 가까워 보이나, 실제로는 상당히 먼 곳인 아산면 학산에서 출발한다. 맥로는 거의 일직선으로 진입하여 묘소에 정확히 결혈하였다. 강병원 부모의 풍수파워는, 국무총리나 국회의장도 가능한 역량이다. 대명당과 흉지의 대결. 강병원의 승리, 풍수적으로는 당연한 결과였다.

임종석(任鍾晳 1966년생, 전남 장흥)은 서울 용문고를 졸업하고 한양대에 진학했다. 학생운동에 가담한 그는 1989년에 한양대 총학생회장과 전대협 3기 의장을 맡는다. 그해 7월, 평양에서 개최된 청년학생축전에 외대생 임수경이 방북하여 사회에 큰 충격을 주었다. 임종석은 이 사건을 기획한 혐의로 구속되어 1993년 5월까지 옥고를 치렀다. 1999년, DJ정부에서 사면·복권된 임종석은 그 이듬해에 16대 총선에 출마한다. 민정당의 원내총무를 역임한 4선의 이세기를 물리치는 기염을 토한다. 그리고 17대 국회에서는 원내 대변인을 맡았다.

이후 총선에 실패한 임종석은 2014년 박원순 캠프에 활약하면서 정무 부시장에 임명된다. 그리고 2016년, 20대 총선에서는 은평 을에 출사표를 던졌으나 당내경선에서 의외의 패배를 당한다. 2017년, 대선후보였던 문재인은 임종석을 '삼고초려' 끝에 후보 비서실장으로 영입한다. 그리고 임종석은 문재인 정부의 출범과 더불어 청와대 비서실장으로 임명되었다.

임종석 조부모 묘소. 장흥군 금산리 소재.

이곳의 맥로는 금산리 뒷산인 매봉 8부 능선에서 출발한다. 능선을 따라 내려오던 맥로는 저수지 근처에 이르러 90도 우선(右旋)하고, 묘역 뒤의 밭을 지나 조모 묘소에서 결혈한다.

임종석이 비서실장이 된 것은 조모 묘소의 역량에 기인한다. 다만, 조부 묘소는 사진의 홍선과 같이 면배(面背)의 배(背)에 해당되며 대흉에 걸렸다. 임종석의 정치역정에 어려움을 겪은 것은 조부 묘소의 영향이다.

> – 묘역의 핵심 주혈은 조모 묘소 왼쪽에 남아있다.

대법관 출신을 꺾은,
노웅래 부친 묘소

  마포는 노승환(盧承煥, 1927.9~2014.5)의 정치적 텃밭이었다. 그는 1971년, 마포구에서 제8대 국회의원에 당선된 이후 9, 10, 12, 13대를 당선한 5선의원으로 국회부의장도 역임했다. 그리고 1995년에서 2002년까지 민선 1, 2기 마포구청장을 지냈으니 말이다.

  2016년 4·13, 20대 총선을 앞두고 새누리당(당시)은 마포갑 후보로 대법관 출신의 안대희를 전략 공천했다. 해운대를 염두에 두고 출마준비를 하던 그를 '험지차출'이란 명분으로 공천한 것이다. 선친의 후광과 2선 의원을 역임한 노웅래에게도 안대희는 버거운 상대였다.

  평소 알고 지내는 풍수 선생과 대화 중, 선거가 화제에 올랐다. 그는 "노웅래의 부친인 노승환 전 부의장은 화장을 해서 공원묘원에 납골로 모셨는데, 묘소도 도로 옆에 자리하여 만두형세로 좋은 곳이 아니다"라며 노웅래의 당선은 힘들 것이라 했다.

전 국회부의장 노승환 묘소. 분당의 공원묘원 소재.

묘소는 공원 묘원 내의 도로 옆에 자리하니, 전통적인 만두형세로 자리가 되지 않았다고 판단할 수도 있다.

묘소로 진입하는 맥로도.

맥로의 출발은 북쪽 산 중턱에서 출발하여 역으로 거슬러 올라와 도로를 건너 노승환 묘소에 결혈하였다. 혈처의 역량이 상당히 좋다.

필자는 2016년 2월 4일, 페이스북에 묘소의 사진을 올리고, '묘소의 역량이 상당히 좋다. 이번 총선에서 노웅래가 당선될 것이란 풍수적 판단이다'라는 기록을 남겼다. 그리고 노웅래 캠프에 전화를 해서 "선거에서 승리할 터이니 자신감을 가지고 분투하시라"고 했다.

선거가 끝난 한 달 후쯤, 노웅래 의원이 고맙다는 전화를 주었다. "원래 선친은 현충원에 안장될 자격이 있는데, 이런저런 사정으로 부득불 이곳에 모신 것"이라는 말도 덧붙였다.

공원묘원에는 산의 모양새(만두형세)로 판단하기 어려운 곳이 많다. 좌청룡 우백호가 없는 곳도 많기 때문이다. 그래서 공원묘원에는 명당이 없다고 생각하는 풍수가도 적지 않다.

"

- 2016년 12월, 안대희 선영을 간산해보니, 오래된 묘소는 화장하여 한 곳에 납골로 모셨는데 모두 소지소혈에 불과했다.

"

안대희 조부모 묘소. 함안군 강명리 소재.

맥로는 뒤에서 떨어지는 것이 아니라 묘소의 청룡방에서 사선(斜線)으로 내려오다 위로 거슬러 올라가 조모 묘소에서 결혈하였다.

안대희는 한때 총리로 내정이 되었지만 낙마했다. 묘소의 역량이 총리가 되기에는 부족했고, 노승환 묘소의 역량에도 미치지 못하는 자리였다.

"
– 화장(火葬)을 해도 명당에다 모시면 매장(土葬)보다 풍수파워가 더 좋음을 보여주는 사례이다.
"

흙수저와 금수저의 대결,
이재명과 남경필 선영

    2018년 6·13 경기도지사 선거에서 민주당은 20년 만의 승리를 거두었다. 박근혜 탄핵으로 정치지형이 민주당에게 유리하게 작용한 덕을 보기는 했지만 이재명은 투표자의 56.4%의 지지를 받아 남경필을 1,247,605표 차이로 대승을 거두었다.

    우리 사회를 풍자하는 금수저와 흙수저란 말이 있다. 그런데 이재명 자신은 흙수저도 못되는 무수저 출신이라고 말한다. 그가 태어난 안동 도촌리는 경북에서도 오지에 속하는 곳이다. 이재명은 5남 4녀의 4남으로 태어났으나, 누나 2명은 어릴 적 세상을 떠났다. 도박으로 집안을 거덜 낸 아버지는 이재명이 초등학교 3학년 때 집을 나갔고, 5남 2녀를 키우는 것은 어머니의 몫이었다. 1976년 2월, 초등학교를 졸업한 이재명은 가족을 따라 성남으로 이사를 한다. 성남 상대원 시장통에서 청소부로 일하는 아버지는 그를 중학교에 보내줄 형편이 되지 못했다.

    소년 이재명은 가내공장의 속칭 '시다'로 취업한다. 여러 공장을 전전하며 사고도 많이 당했다. 절단기에 손가락이 잘리고, 프레스 기계에 팔이 끼어 골절되고, 유독가스로 후각을 상실하였다. 그러면서도 고통스런 삶의 출구가 공부밖에 없다고 생각한 이재명은 야간학원을 다니며 고입·대입 검정고시를 통과하여 1982년에 중앙대 법대에 합격한다. 장학금을 받으며 공부하던 그는 1986년 10월에 제28회 사법고시에 합격한다. 사회적 약자를 위한 인권변호사로 활동하던 이재명은 2006년에 성남시장에 도전했지만 고배를 마신다. 그리고 4년 후인 2010년에는 유권자의 50%가 넘는 지지율로 성남시장에 당선된다. 이어서 2014년 선거에서도 무난히 재선되었다.

그는 성남시장에 재직하면서 6,700억의 부채상환, 청년배당, 무상급식 등을 실시하여 행정능력을 입증했다. 박근혜 정부의 무리한 견제는 이재명의 인지도만 높여주었다. 2017년, 이재명은 민주당 대선후보 경선에 도전한다. 결과는 3등을 했지만, 당내 지지율 1%도 안되던 그가 21.2%의 지지를 받은 것은 놀라운 성적이었다. 2018년, 경기도 지사에 출마한 이재명은 선거기간 내내 상대 진영으로부터 인신공격과 비방을 받았지만 도민들은 압도적인 다수로 그를 선택했다.

좌측이 이재명 고조부, 우측이 증조부 묘소. 봉화군 관창리 소재.

묘소 앞에는 불꽃을 닮은 멋진 청량산이 자리한다. 그래서 고조
와 증조 묘소가 좋다고 하는 사람도 있다. 그러나 홍선으로 표시
한 맥로는 2기의 묘소 사이를 지나 하단에 있는 이재명 부친 묘소
로 내려간다. 위 두 묘소는 면배의 배(背)에 해당하니 자리가 될 수
없는 곳이다.

부친은 도박으로 가산을 탕진, 남매들의 사고와 사망, 끊임없이
구설에 휘말리는 이재명. 이는 도촌리의 대흉지에 모신 조부모 묘
소의 못바람 때문이다. 가내(家內)의 안정과 앞날의 도전을 위해서
는 조부모 묘소를 옮겨드려야 한다. 관창리 묘역에는 대명당이 비
어있다.

이재명 부친 묘소. 고조부 묘소 하단에 소재.

오늘의 이재명이 가능했던 것은 전적으로 부친 묘소 덕분이다.

도지사가 되기에 충분한 역량이다. 역대 국회의장을 배출한 묘소들과 대등한 역량이다. 맥로는 사진상 배나무 뒤쪽인 북쪽의 관창폭포 뒷산에서 출발하여 크게 우선(右旋)으로 환포하면서 묘역 뒤의 700m의 높은 산을 경유하여 낙맥한다. 맥로는 이재명 고조와 증조의 사이를 경유하여 그 아래에 대명당을 결혈한다. 기실 이재명 부친 묘소는 그 대명당의 여기(餘氣)로 자리가 된 것이다.

남경필의 조부 남상학은 경남여객을 창업했고, 부친 남평우는 경남여객과 경인일보의 대표이사를 지냈다. 남평우는 재력과 인지도를 바탕으로 수원에서 제14, 15대 국회의원을 역임했다. 그러나 그는 15대 임기 중인 1988년 3월에 갑자기 세상을 떠나고, 7월에 치러진 보궐선거에서 남경필이 당선되니 그의 나이 33세였다. 이런 과정을 보면 남경필은 금수저를 물고 태어난 셈이다.

남경필은 국회의원에 당선되자 당내 쇄신파로 주목을 받았다. 그는 제16대 대통령 선거에서 이회창 캠프의 총괄 대변인을 맡으며 대권과 당권을 분리하는 당헌 개정안을 냈다가 이회창과 갈등을 빚기도 한다. 2004년, 대선자금 비리혐의가 터져나오자 남경필은 오세훈·원희룡과 함께 당대표의 퇴진과 당내개혁을 요구한다. 당중진들은 자기들만 살겠다는 인기성 발언이라고 비난했다.

2004년, 한나라당 의원들은 대통령 노무현의 탄핵안을 가결시킨다. 남경필도 당론에 따라 찬성했지만 이후 원희룡·정병국과 더불어 박근혜 대표에게 탄핵철회를 주장하다 미운 털이 박힌다.

남경필은 2007년 한나라당 대선 경선 때, 처음부터 이명박 후보를 지지하고 당선에 기여한다. 그러나 2008년 이명박 정부의 대북 정책이 잘못되었다고 비판하고, 이명박의 형인 이상득 의원의 총선출마 반대를 주도하여 여당 의원임에도 민간인 불법 사찰대상이 되었다. 이러한 남경필의 정치 행보는 당내에서는 호응을 받지 못하고 2012년 5월의 원내대표 선거에서 패배한다.

남경필은 2014년의 경기도지사 선거에서 민주당의 김진표에게 근소한 차이로 당선된다. 경기지사 당선 후에는 야당인사를 부지사로 내정하여 협치의 모델을 구현했다는 평가를 받기도 했다. 그는 2016년 11월, 박근혜 국정농단 사태가 발생하자 새누리당을 탈당하고 바른정당에 입당한다. 그러나 2018년에 다시 한국당(새누리당)으로 복당하고 6·13 경기도지사로 출마하여 이재명과 대결하게 된다.

남경필 부친 남평우 의원 묘소. 용인 추계리 소재.

　맥로는 동남쪽 능인산 뒤에서 출발하여 거의 진직으로 행도하여 묘소의 좌측으로 진입하여 혈을 맺었다. 이 묘소의 풍수파워가 남경필의 정치경력에 투영되었다는 생각이다. 이재명 부친 묘소와 비교해서는 역량이 다소 부족하다.

　남경필 부친의 돌연한 사망과 자녀의 불미한 사건 그리고 남경필의 가정사. 남경필의 선대 묘소는 길흉이 뒤섞였을 것이란 풍수적 추단이다.

개천에서 용나다.
최문순·민병희 선영

　2010년 6월, 제5회 지방선거에서 이변이 일어났다. 야권에서는 동토(凍土)라 생각했던 강원도에서 민주당 이광재가 도지사에 당선된 것이다. 그러나 그는 정치자금 수수로 도지사직을 상실하고 이에 따른 보궐선거가 2011년 4월 27일 실시되었다.

　2010년의 강원도지사 선거는 원주고 선후배의 대결이었는데, 2011년의 보궐선거는 춘천고 선후배이며, MBC 사장 출신 간의 대결이었다.

　최문순은 1984년 MBC 기자로 입사하여 사회현장을 취재하는 기자로 활동했다. 〈카메라 출동〉과 같은 사회비리 고발코너를 기획하는 등 언론인으로서의 지평을 넓혀갔다. MBC 노조위원장으로 활동하다 해직을 당하기도 했고, 2000년에는 전국언론노조 초대위원장을 맡기도 했다. 2005년, 공모(公募)로 최연소 사장이 되자, 그의 경영능력에 대한 회의적인 시선도 있었다. 그러나 그가 사장을 맡았을 때 드라마 '대장금' 등이 대박을 내면서 600억이 넘는 영업이익을 내고, 평균시청률 9%, 점유율 19.2%라는 MBC 사상 초유의 실적을 기록한다. 2008년 민주당의 국회의원(비례)으로 발탁되었지만 그의 지명도는 여전히 낮았다.

　상대 후보인 엄기영, 파리특파원 시절 세느강변에서 바바리코트에 머리를 흩날리며 방송하던 장면은 젊은이들의 로망이었다. 그는 1989년~1996년, 2002년~2008년까지 무려 13년간 MBC 앵커를 맡았으니 대한민국 최고의 지명도를 갖게 되었다.

승산이 없는 싸움이었다. 최문순은 도지사 공천을 피하려고 해외여행을 떠났지만 귀국하는 날, 당 대표 손학규가 그를 민주당 강원도지사 후보로 발표해 버렸다. 각종 여론조사에서도 엄기영은 오차범위를 벗어나는 최소 6.9%에서 최대 20% 앞서는 것으로 예측되었다.

최문순 조부모 묘소. 춘천 정족리 소재.

산이 끝나는 속칭 산진처(山盡處)에 모셨다. 최지사는 어릴 적에 할아버지 묘를 산에 쓰지 않고 밭에 모신 것을 이상하게 생각했다고 한다.

묘소를 알려준 최 후보의 친척분에게 "이 정도 파워면 거의 당선될 겁니다."라고 말하고, 2011년 3월 6일, 필자의 카페에 "상대방 묘소를 보지 않아 100%라고 말할 수 없어도 99% 이상 당선되리라 판단합니다."라는 기록을 남겼다.

　그리고 4월 10일, 상대 후보인 엄기영 부친 묘소(수목장)를 보고 나서 또 이런 기록을 남겼다. "도처가 좋은 곳이 없는데, 하필 최악의 선택을… 이렇게 모시면 되는 일이 없는데."

　우세할 것이란 예상과는 달리 엄기영은 TV토론에서조차 밀리는 모습이었고, 뒤이어 적발된 불법 선거운동으로 스스로 패퇴하였다. 최문순은 51.08%의 득표로 당선되었다.

최문순 조부모 맥로도.

　어떤 풍수가는 '최문순은 금병산의 정기를 받아 도지사에 당선되었다.'고 말하나, 이곳 맥로의 출발은 금병산이 아니라 뒷산 청룡방

일지맥(一枝脈)이 생성되는 데서 출발한다. 이 일대는 대부분 자리가 되기 어려운 곳인데 최문순 조부모 묘소는 이 일대의 주혈(主穴)에 정확히 자리한다. 상당한 역량의 혈처다.

2014년, 강원도지사에 재선되었고 2018년 2월, 평창 동계올림픽을 성공적으로 치르고 남북화해의 물꼬를 트는 역할도 한다. 2018년 6월, 도지사 선거에서는 64.73%의 압도적인 지지로 3선의 영예를 안았다.

민병희 교육감 부친 묘소

민병희는 전교조 출신이니 좌파 교육감이라 폄하하는 사람도 있었다. 그러나 그의 인생사를 들여다보면 결코 이념적 노선을 추구한 삶은 아니었다.

대학을 졸업한 그는 평범한 교사로 사회생활을 시작했다. 초임 시절, 그는 교육현장의 부조리나 교사의 권익에 특별한 관심을 가진 교사는 아니었다. 학교행사를 진행하던 중 사고가 발생했다. 공무 중에 발생한 일이었건만 그 사고를 오롯이 교사 개인의 잘못으로 취급하였다. 교권에 대한 부당한 대우, 경제적 고통, 개인이 감당하기에는 어려운 일이었다. 교사의 권익과 참교육에 대한 필요성을 절감한 그는 전교조에 합류했고, 그로 인해 해직당하는 아픔을 겪는다. 1990년 제2대 전교조 강원지부장에 당선되고 이어 3대와 6

대 지부장을 역임한다. 2002년에는 교육위원에 당선되었다. 그리고 2010년 4명이 출마한 강원도 교육감 선거에서 39.91%의 득표율로 당선되었다.

민병희 부친 묘소. 겉모습은 봉분이나 부친의 유언에 따라 화장으로 모셨다.

민병희 부친 묘소로 들어가는 맥로도.

햇볕이 잘 드는 곳에 선영을 모시는 것은 인지상정이다. 그러나 정작 중요한 것은 정확한 혈처에 모시는 것이 관건이다. 늦게까지 잔설(殘雪)이 남은 이 묘소가 묘역의 핵심 주혈에 자리한다.

이후 민병희는 제6대 지방선거에서 46.4%의 득표율로 재선되고, 이어 제7대 선거에서는 54.1%의 득표율로 강원도 교육감 3선에 성공한다.

두 분의 선영은 그 우열을 가리기 어려운 대등한 역량의 혈처다. 굳이 비교하자면 현 서울시장을 비롯한 대권에 도전했던 많은 분들의 선영에 손색없는 풍수파워를 지닌 곳이다. 다만, 두 분의 연고와 활동공간이 강원도에 속하니, 강원행정과 강원교육의 총책임자에 머문 것이다.

'개천에서 용이 났다.' 두 분의 청소년기를 기억하는 사람의 말이다. 부(富)가 대물림하고 신분이 상속되는 사회는 폐쇄된 사회다. 개천에서 용이 난 실화(實話)가 있어야 앞날에 희망이 있지 않을까.

: 날개도 없이 추락한
안희정 선영

지금은 한바탕의 꿈이 되었지만, 가장 유력한 대권후보였고 정치 분야 차세대 리더 1위를 기록했던 안희정이었다. 이름의 희(熙)자는 항렬의 돌림자이고, 정(正)은 박정희를 좋아했던 부친이 지었다고 한다.

그는 중학생 시절부터 혁명을 꿈꿨고, 고교 시절 불온서적을 읽은 혐의로 퇴학을 당하고, 서울에 있는 학교로 전학했지만 자퇴를 한다.

1982년에 검정고시를 합격하여 1983년에 고대 철학과에 입학한다. 학부 공부보다는 학생운동에 몰두하던 그는 1988년 반미 청년회 사건으로 체포되어 10개월간 옥고를 치른다. 1989년 김덕룡 의원의 비서로 일했지만, 3당이 합당하자 속칭 꼬마 민주당의 사무총장의 비서로 일한다. 1994년 6월 지방자치연구소의 일을 하면서 노무현과의 인연이 시작되었다. 2001년에는 노무현을 보좌하면서 이광재와 더불어 좌희정 우광재라 불렸다.

2002년 노무현 대선캠프에서 활동했던 사람들은 청와대에 입성하지만, 그는 수뢰혐의로 실형을 받아 참여정부 기간 중에는 공직을 맡지 못했다. 노무현은 자신 때문에 안희정이 희생되었다며 눈물을 보이기도 했다.

2006년에 복권이 되고 2008년의 18대 총선에 출마선언을 했지만 선거법 위반의 전력이 그의 발목을 잡았다. 그는 개인보다는 당(黨)을 우선시하는 당인(黨人)정신에 투철한 정치인이었다. 그의 진정성과 당인정신을 높이 평가받아 2008년 7월에 통합민주당의 최고위원에 선출된다. 그리고 2010년 6월의 지방선거에서 충남지사로 출마한다.

당시 충청권은 이회창이 창당한 자유선진당의 기세가 맹위를 떨치고 있었다. 안희정은 투표수 901,863중 367,288의 득표로 다크호스였던 선진당의 박상돈 후보를 20,023표 차이로 신승(辛勝)을 거두었다. 필자는 2012년 3월, 한나라당 후보였던 박해춘의 선영을 간산했다.

박해춘 조부모(사진 전면)와 선대(뒤의 납골묘). 금산군 황풍리 소재.

101

박해춘은 보험사와 카드사의 대표, 은행장 등을 역임하는 등 화려한 경력을 쌓고, 여당후보로 출마했지만 3위에 그치고 말았다. 결과적으로 그가 잠식한 154,000여 표의 보수표가 안희정의 당선을 도운 셈이다. 지난 경력은 화려했으나, 이장한 묘소들이 후손의 발목을 잡았다.

도지사 당선 이후 안희정은 공약이행 평가에서 4년 연속 최우수 등급을 받았고, 시사저널에서 선정한 차세대 리더 100인 정치 분야에서 1위를 기록한다. 그런데 재선에 도전하는 안희정은 2014년 선거에서 강적을 만났다. 한나라당 후보 정진석은 언론인 출신으로 국회의원 3선과 대통령 정무비서관을 역임했다. 또한 부친의 후광도 만만치 않았다. 그의 부친 정석모는 내무부 장관을 역임한 6선 국회의원으로 JP의 최측근이었다. 예상과는 달리 선거결과는 안희정이 과반이 넘는 52.21%의 득표율로 정진석을 8.26%의 차이로 여유있게 승리한다.

2011년 안지사의 조부모 묘소를 둘러보니 소지소혈에 불과하였다. 이 정도의 풍수파워로는 도백(道伯)에 당선될 수 없는데, 이는 분명 상대방의 선영에 풍수적 문제가 있다는 생각이 들었다.

정석모 전 의원 묘소(후경). 공주시 하대리 소재. 묘소는 흉지에 걸렸고,
근처에 있는 배위(配位) 묘소 또한 흉지이다.

선거는 안희정이 승리했지만, 풍수적으로는 안희정의 승리가 아
니었다. 부모님을 흉지에 모신 정진석이 스스로 패했기 때문이다.

2016년 2월, 안희정의 역대 선영을 간산하였다.

안희정 고조 묘소. 현도면 우록리 소재. 전형적인 소지소혈이다.

안희정 증조 묘소. 우록리 소재.

　일부 풍수가는 이 묘소를 보고 안희정의 대망론을 운운했다. 묘소는 외관상 안정감을 주는 곳에 자리하고 좌우 용호가 감싼 것을 근거로 명당이라고 주장하였다. 그러나 증조부모 묘소는 흉에 걸렸고, 안문(安門)과 안희정의 어려움은 이 묘소에서 기인했다는 판단이다.

안희정 조부 묘소. 우록리 소재. 소지소혈이나 고조 묘소보다는 역량이 약간 좋다.

안희정은 2017년 대선후보 당내경선에 패했지만, 그의 정치적 장래에 대하여 밝은 전망을 하는 사람이 적지 않았다. 2018년 3월, 수행비서가 폭로한 성폭행 혐의로 도지사직을 사퇴하고 사실상 정계 은퇴를 한 셈이다.

> – 사업가의 선영은 반드시 상당한 역량의 명당이 있어야 성공한다. 승패를 가르는 선거는 약간 다르다. 본인의 선영이 상대방보다 좋아야 승리하지만, 본인의 선영보다 상대방의 선영이 더 나빠도 승리할 수 있다. 도지사가 되었다고 그의 선영이 대명당일 것이란 예단은 금물이다.

진보진영의 간판스타, 노회찬·심상정 선영

2017년 7월 23일, 노회찬의 사망소식에 사람들은 귀를 의심했고 비통함을 금치 못했다. 정치인의 죽음에 일반 시민들의 조문행렬이 끝도 없이 이어진 것도 유례없는 일이었다.

7월 27일, 국회의사당 본청 앞에서 진행된 영결식에는 심상정의 조사(弔辭)가 이어졌다. "칠흑 같은 고독 속에 수많은 번민의 밤을 보냈을 당신을 생각하면 억장이 무너집니다"란 대목이 가슴을 울렸다. "당신은 인천에서, 나는 구로공단에서 노동운동으로 알게 된 이후 민주노동당, 진보신당, 통합진보당, 그리고 정의당에 이르기까지 우리는 진보정치의 험준한 능선을 걸어왔다"고 했다. 그랬다. 노회찬·심상정은 이 땅에서 30년 이상 노동운동을 이끌어온 양대 산맥이었다.

노회찬, 심상정의 이력과 그들의 선영을 살펴보자.

노회찬의 부모는 6·25 때 함경도에서 월남한 실향민이다. 그는 1956년 부산에서 노인모의 장남으로 태어났다. 노회찬은 경기고 1학년 때인 1973년에 이종걸(민주당 국회의원)과 함께 유신을 반대하는 유인물을 뿌렸으니 일찍부터 민주화 운동에 가담한 셈이다. 군복무를 마친 그는 1979년에 고려대를 입학한다. 1980년의 광주민주항쟁에 큰 충격을 받고, 노동자가 조직화·세력화되어야 세상을 바꿀 수 있다고 생각한다. 1982년에 전기용접공 자격을 취득하여 노동현장에 뛰어들었다.

1987년 6월 항쟁 이후, 노회찬은 노동자들의 정치세력화를 꾀하면서 1989년 인천민주노동자연맹(인민노련)을 결성했고, 이로 인해 국가보안법 위반혐의로 3년간의 옥살이를 한다.

노회찬의 정계입문은 1990년대 초반 진보정당추진위원회의 대표를 역임하면서 시작된다. 그는 진보세력의 대표로 대선에 나선 권영길의 지원에 나섰고, 이후 국민승리 21과 민주노동당을 거치면서 2004년 17대 총선에서 비례대표로 국회에 입성한다.

노회찬 부친 묘소. 2010년 2월 별세. 양평 갑산묘원 소재.

노회찬 부친 묘소 맥로도.

남쪽 하계산에 출발한 맥로가 북쪽을 향하여 직전으로 진행하다
가 묘역의 상단부로 낙맥하여 노회찬 부친 묘소에 결혈하였다. 장
관 이상은 배출할 역량의 혈처이다.

이런 명당에 부친을 모시고도 2013년에 국회의원직 상실과 스스
로 죽음의 길을 택한 것은 선대의 묘소 중에는 대흉지에 자리한
묘가 있을 것이란 풍수적 판단이다.

이후 노회찬은 각종 토론에 참가하여 촌철살인의 언어로 답답한
국민들의 마음을 달래주면서 유명 정치인으로 부상한다. 그러나
당내갈등으로 민주노동당을 탈당하고 진보신당의 초기 공동 당대
표를 맡는다. 이후 심상정·조승수와 통합진보당을 창당하여 2012
년, 노원 병 지역구에서 19대 의원에 당선된다.

그러나 2013년 2월, 노회찬은 국회의원직을 상실한다. 2005년, 17대 국회의원 시절 그가 폭로한 '삼성 X파일'에서 떡값을 받은 검사들의 실명을 거론했다는 것이 유죄의 이유였다. '도둑놈은 무사하고, 도둑이야 소리를 지른 사람이 처벌받았다'는 판결이었다.

2016년, 그는 창원(성산)에서 20대 국회의원에 당선되어 사망 시까지 정의당 원내대표를 맡고 있었다.

노회찬 묘소. 남양주 화도 모란공원 소재.

노회찬의 묘소는 상당히 좋은 혈처에 자리한다. 노회찬의 정신은 오래도록 추모될 것이고, 그를 기리는 사업도 잘될 것이다. 명당의 기운은 그렇게도 작동한다.

심상정은 1959년 심명택의 2남 2녀 중 막내로 태어났다.
서울대학에 입학한 그는 구로공단에 위장취업하여 노동운동을 시작한다. 대우어패럴의 미싱사로 일하면서 노동조합을 결성하고 1985년 6월에는 연대파업투쟁인 '구로동맹파업'을 주도하여 노동계의 스타가 되었다. 심상정은 TV의 9시 뉴스에서 '1계급 특진, 현상금 5백만 원'이 걸린 자신을 얼굴을 본 것이 언론과 처음 맺은 인연이라고 했다. 붙잡히면 물고문, 전기고문을 당하는 전두환 군사정권 시절이었다.

심상정 선영. 오른쪽이 조부모, 왼쪽이 부친 묘소. 파주 광탄면 소재.

묘역기준 갑방(甲方, 동쪽)에서 출발한 맥로가 직진으로 행도하여 묘역의 청룡방을 경유하여 우선(右旋)하며 묘소 바로 뒤에서 기를 결집한다. 그곳에서 2개의 혈처를 배분하니 주혈은 조부모 묘소로 입맥하고 차혈은 부친 묘소로 들어갔다.

심상정은 1985년 8월, 단위 노동조합을 뛰어넘는 대중 정치조직인 서울노동운동연합(서노련)의 창립을 주도한다. 그러나 전두환 정부는 서노련을 반국가단체로 규정하고, 관련자들을 구속하며 사실상 서노련을 해체시켰다. 심상정은 수배되어 도피 생활을 했는데, 구두를 벗고 철조망 담장을 넘어 달아나는 모습은 일품이었다고 한다.

　1990년 1월, 심상정은 전국노동조합 협의회 창립 하루 전에 경찰에 연행된다. 10년의 수배생활을 한 노동운동의 거물이 잡히자 "얼굴 좀 보자"며 경찰들이 몰려들기도 했다. 1993년에 집행유예 2년을 선고받는다.

　그는 1995년부터 2003년까지 금속노조의 사무처장을 역임하며 금속노조의 기반을 다진다. 그리고 2004년, 심상정은 민주노동당 비례대표 1번으로 17대 국회에 입성한다. 17대 의원 시절, 그는 노무현 대통령이 추진한 한미 FTA 반대에 나서면서 벌인 논쟁들이 여론의 주목을 받았다.

　18대 총선을 앞두고 민주노동당을 탈당한 심상정은 노회찬·조승수 등과 진보신당을 창당하여 총선에 출마하지만 낙선한다. 2010년 6월의 지방선거에 진보신당의 경기도 지사후보로 출마했으나 국민참여당의 유시민을 지지하며 사퇴한다. 2012년, 19대 총선에는 통합진보당의 후보로 출마하여 새누리당의 손범규에게 근소한 차이로 승리하여 4년 전의 패배를 설욕한다. 개표가 99% 완료되었을 때 근소한 차이로 졌는데, 마지막 재외국민 투표함에서 심상정을 지지하는 몰표가 쏟아져 극적인 역전을 하였다. 2016년 4월 총선, 심상정은 민주당 후보와 단일화가 무산되었음에도 52.97%의 과반수 이상을 득표하는 기염을 토하며 3선에 성공한다.

심상정은 비례대표로 17대 국회에 입성, 18대 총선에 낙선, 19대, 20대 총선에 당선된 것도 노회찬과 똑같은 과정인 것이 참으로 기연(奇緣)이다.

심상정 선영 후경.

두 묘소에 혈을 맺고, 혈처의 범위가 좌우로 벌리니 묘소 하단은 대부분 좋은 곳이다. 문중묘역으로 쓰기에는 딱 좋은 곳이다.

"심상정이 민주당이나 한국당 소속이어도 당 대표는 충분히 할 텐데" 묘역을 안내해준 어르신의 말씀이다. 그렇다. 국회의장이나 국무총리 정도를 배출할 역량의 혈처에 조부모와 부친을 모셨다. 특히 조부모 묘소의 역량이 좋다.

노회찬이 없는 심상정, 그의 어깨는 더욱 무거워졌지만 어려움을 뚫고 나아갈 것이다. 심상정 선영의 풍수파워가 그렇다.

흉지에서 대명당으로,
김정은 외가 선영

2014년 1월 29일자 제민일보에 김정은 국무위원장의 외가 가족묘지에 대한 기사가 실렸다. 제주시 봉개동에 조성된 김정은 외가 가족묘지 가운데 외조부인 고경택 묘소가 사라졌다는 것이다. 문중에서는 고경택의 묘소가 외부에 알려진 것이 부담스러웠을 것이다.

김정은 외조부인 고경택은 1913년 제주 조천읍에서 태어나 1929년 일본으로 건너갔고, 김정은의 모친인 고영희 등 3남매를 둔 것으로 알려졌다. 유도선수 출신인 고경택은 60년대 북한으로 갔고, 김일성의 배려로 조선유도협회 회장에 취임하여 후진을 양성했다. 당시 유도의 불모지였던 북한은 고경택의 기술보급에 힘입어 국제대회에서 우승을 하기도 했다. 8살에 아버지를 따라 북으로 간 고경희는 1972년에 만수대예술단 입단했고, 훗날 김정일과의 사이에서 김정철, 김정은, 김여정을 낳았다. 고영희는 2004년 6월에 사망한 것으로 알려졌다.

그간 김정은에 대해서는 일방적인 보도를 제외하고는 정확한 실상이 알려진 것이 없었다. 2018년 4월 27일, 그는 판문점에서 문재인 대통령과 역사적인 만남을 통하여 세계의 주목을 받았다. 그리고 이어서 6월 12일에는 싱가포르에서 트럼프 대통령과 북미회담을 통하여 국제사회의 이목을 다시 한번 끌어모았다.

남북교류와 경제협력 등을 통하여 우리민족이 비상(飛上)할 절호의 기회가 도래했다. 남과 북이 함께 잘되길 바라는 마음으로 김정은 위원장의 외가 묘소를 찾아갔다.

　　우선 제주고씨 선영의 위성사진을 보기로 하자.

2012년 이전의 분묘 모습(좌)과 2012년 이후의 이장한 납골(점선)묘의 모습.

원래 분묘가 있었던(사진의 하단) 흉지에서 대명당인 상단 부분으로 이장했다.

고영호는 자식이 없고, 고영옥은 4명의 아들을 두었다. 2012년 이전에는 모든 묘소가 흉지에 자리했기에, 고영옥의 3남인 고경택은 일본을 전전하다 북한에서 사망했고, 4남은 바다에서 실종되었다. 또한 손녀인 고영희도 한창 나이에 나이에 세상을 떠났다.

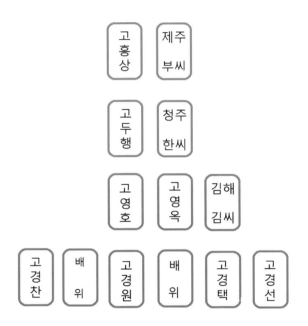

납골묘의 배치도. 전부 13기인데, 고영옥의 아들 중 고경택과 고경선의 묘소는 허묘(虛墓)이다. 13기 중 3기를 제외한 10기의 납골묘가 명당에 자리한다.

고영희의 할아버지, 즉 김정은 위원장의 외증조부 고영옥 묘소.

비문의 내용을 옮긴다. '탐라 고씨 75대손 영곡공 샛별 오름파 고
영옥. 1876년에 태어나 1945년에 귀천하시어 봉아름에 영면하시다.
아버지로는 고두행 아들은 고경찬 경원 경택 경선이다.'

고흥상, 고두행, 고영호를 제외하고 모든 묘소가 명당에 자리한
다. 제주부씨와 청주한씨는 대기업 오너의 선영과 대등한 역량의
혈처이다. 고영옥의 묘소는 박정희 대통령의 조모와 대등한 풍수
파워를 보지(保持)한 엄청난 대명당이며, 그의 배위(配位) 김씨의 풍
수파워는 LG의 인화원과 대등한 역량이다. 그리고 고영희 아버지
형제들 묘소가 자리한 곳도 모두 명당이다.

고영옥 묘소 맥로도.

이곳은 묘역의 백호방 둔덕에서 3개의 혈처를 배분하는데, 주혈인 고영옥 묘소로 진입하는 맥로만을 표시하였다.

만두형세로는 한라산에서 낙맥한 것처럼 보이지만, 맥로는 표선면 사무소 앞바다에서 출발하여 직진(直進)의 행도를 하면서 대록산을 넘어서 계속 진행하여 근처의 안세미 오름을 경유하여 묘역의 백호방에서 90도로 방향을 전환하여 고영옥 묘소에 정확히 결혈하였다.

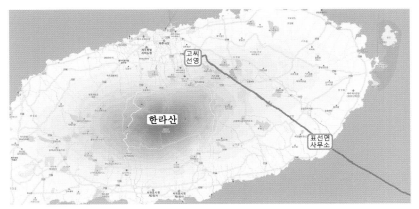

봉개동 고씨 선영으로 들어오는 개략의 맥로도.

> – 풍수계에는 직계(男系) 묘소만으로 발복과 길흉을 판단하는
> 고식적 사고(思考)가 여전히 존재한다. 이것이 풍수적 판단에
> 오류를 초래하는 요인의 하나이다. 본인에게 주는 외조부모의
> 풍수적 영향은 친가의 조부모가 주는 영향과 대등하다는 것이
> 필자의 주장이다.

북한에 있는 김정은 선대의 묘소는 어떤지 알 수 없지만, 제주도
의 이장한 외가의 묘소들은 김정은 위원장에게 상당한 풍수적 도
움을 줄 것이란 판단이다.

> – 2018년 9월, 평양에서 3차 남북정상회담 중에 김정은 위원
> 장의 돌발 제안으로 문재인 대통령 부부는 백두산을 올랐다.
> 2018년 연말까지 남한을 방문하겠다고 약속한 김정은 위원
> 장, 제주도의 한라산 등정과 봉개동에 있는 외가의 선영도 참
> 배하기를 바라는 마음이다.

백세인생으로 대박난,
이애란 선영

2015년 하반기부터 〈백세인생〉이 전국을 휩쓸고 있었다. 노래 가사 중 특히 '못 간다고 전해라'는 부분은 시대의 유행어가 되었다. 대놓고 말하기 어려운 상사의 지시에는 "재촉말라 전해라", 정치권에서는 "네가 물갈이 대상이라고 전해라", 추워진 날씨에는 "감기 조심해라 전해라"에 이르기까지, 어떤 경우에도 패러디가 가능한 후렴이 감칠맛이다. 인구 1,000명당 16명이 백세를 넘어 사는 장수시대, 노년층의 반응이 뜨거울 수밖에 없었다.

25년간의 무명가수에서 일약 전국적 스타로 부상한 이애란. 그의 선영에 풍수적으로 특별한 계기가 생겼을 것이란 생각이 들었다. 이애란의 고향인 홍천 양덕원에 가보니, 그를 모르는 사람이 없었다. 사촌오빠는 낯선 사람의 방문에 유난히 경계심을 보였다. 힘들고 어려운 세월을 견디어 성공의 문턱에 들어선 동생에게 터럭만한 누(累)라도 될까 선영을 알려줄 수 없다고 했다.

2016년 신년, 방송에 이애란의 출연이 잦아졌다. 한 방송에서 이애란이 부모님의 선영을 찾아가는 장면이 눈에 들어왔다. 묘소는 이애란 사촌이 살고 있는 동네 뒷산에 있을 것이란 감이 잡혔다.

사진 우측의 묘소가 방송에서 본 묘소다. 부친의 묘인 것은 분명한데, 모친과 합장한
것인지, 아니면 왼쪽의 묘가 모친의 묘인지 알 수가 없었다(비석이 없었음).

간산 중에 만난 사촌오빠가 묘소의 내력을 설명해 주었다.

풍수간산을 할 때 우선적으로 살피는 점은, 혈처의 용(산)은 어디
에서 출발하여 어떤 행도를 하여 오는지, 혈처를 중심으로 물의 흐
름이 어떤지를 확인하는 것이다.

그러나 필자가 체득한 간산의 방법은 지금까지의 것과는 다르다.
우선 당처가 자리가 되었는지를 확인하고, 당처가 자리가 되었으
면(즉, 명당이면), 그 혈처로 들어오는 맥로의 출발점과 행도의 과정을
확인한다. 명당의 풍수파워는 그 행도의 장단(長短)에 비례하기 때
문이다.

왼쪽은 이애란의 백부모 묘소. 이애란의 모친은 2004년 별세.
부친은 2015년 별세 이후 부인과 합장.

　이애란 선영은 만두형세로 보면 뒷산인 가끈봉에서 낙맥한 것으로 보인다. 그러나 맥로는 묘소의 뒤가 아닌 묘소 전방 10여 리 이상 떨어진 갈기산 뒤로부터 출발한다. 맥로가 행도를 하며 양덕원천을 넘어와서 묘소의 백호방을 거슬러 오르다 7부 능선에서 좌선(左旋)하며 낙맥한 것이다.

맥로는 두 봉분 사이로 내려오다 오른쪽으로 급하게 방향을 틀었다. 묘소의 청색선이 길흉의 경계선이다. 청색선 오른쪽에 모신 부친 묘소의 풍수파워는 대기업 오너의 선영과 대등한 풍수파워를 지닌 곳이다. 그러나 이애란 모친은 청색선 왼쪽에 모셨으니 흉지에 해당한다. 모친 별세 이후 이애란이 어려움을 겪은 이유이다. 백부모 묘소 또한 흉지에 불과하다. 면배(面背)의 논리를 정확히 보여주는 묘역이다.

집안 어른의 말씀. "애란이가 20년 넘게 열심히 노력한 덕분이지 어찌 아버지 묘 하나를 명당에 썼다고 갑자기 스타가 되었겠는가?"

필자의 답변. "모친을 모신 곳이 명당이라면, 이애란 형제의 삶이 순탄했을 것이고, 그는 오래전에 성공했을 것이다. 부친을 모시고 불과 몇 달 사이에 전국적 스타가 된 것이 부친의 자리가 얼마나 큰 대명당인가를 말해주는 것 아니겠습니까?"

> "
> – 풍수에는 인장묘발(寅葬卯發)이란 말이 있다. 인시(오전 3~5시)에 묘를 썼더니 묘시(오전 5~7시)에 발복했다는, 즉 발복이 빠르게 반응함을 뜻하는 말이다. 이애란의 부친 묘소가 전형적인 인장묘발에 해당한다.
> "

이애란의 드라마틱한 인생반전, 당연히 뒷이야기가 따를 수밖에 없다. 벡세인생을 만들어준 작곡가 선생, 이 노래를 짤방으로 만들

어 유행시킨 네티즌들. 늘 따듯한 격려와 사랑을 주신 아버지 등
등이 이애란의 대박인생에 중요한 작용을 하였다. 그러나 이런 대
명당이 있는 땅을 문중에 제공한 사촌오빠의 공덕이 으뜸이란 것
이 풍객의 생각이다.

이장해 모신 이애란 백부모 묘소. 후손들의 건강도 좋아질 것이고,
하는 일도 잘 풀릴 것이다.

: 국민가수 태진아 선영

"형은 저의 영웅이고 아버지나 마찬가집니다. 오래오래 건강하세요."

동생 조방원이 태진아에게 건네는 말이었다. 동생에게 이런 극찬을 받는 태진아가 새삼스럽게 보였다.

1953년, 태진아는 가난한 집안의 7남매 중 넷째로 태어났다. 초등학교를 졸업하고 집안 형편으로 중학교를 진학할 수 없었다. 14살 때, 동생들의 학비를 벌기 위해 서울로 올라왔다. 구두닦이, 온갖 배달, 식당 종업원 등 그가 경험한 직업만 37종이 되었다. 3년간을 죽어라 번 돈으로 고향집 옆의 밭을 샀다. 부모와 동생을 굶기지 않겠다는 17살 소년의 눈물겨운 의지였다.

노래가 좋아 흥얼거리던 그가 작곡가의 눈에 띄었다. "네 목소리가 특이하다. 가수 한번 해봐라." 가수 태진아가 태어난 계기였다. 본명 조방헌 대신에 당대의 최고의 스타인, 태현실·남진·나훈아의 이름에서 한 글자씩 따서 태진아라고 했다. 그는 스타들의 좋은 기(氣)가 자신을 돕는다고 익살스레 말했다.

1973년, 〈푸른 언덕의 추억〉을 발표하자 인기를 얻어 이듬해에는 MBC 10대 가수 인기가수상을 수상했지만 거기까지였다. 1976~1977년, 두 장의 앨범을 냈지만 실패하고 슬럼프에 빠진다. 1980년, 태진아는 삶의 돌파구를 찾기 위해 미국으로 이민을 갔는데 얼마 후, 어머니 사망 소식을 들었지만 돌아갈 비행기 표를 살 돈이 없을 정도로 힘들게 생계를 꾸려가고 있었다. 그러던 중 가수 남진의 소개로 만난 이옥형과 결혼을 하게 된다. 1984년, 귀국하여 앨범을 냈지만 대중들의 관심을 얻는 데 실패한다. 1988년에도 두 장의 앨범을 냈지만 또한 실패로 돌아갔다.

1989년, 〈옥경이〉가 발표되자 폭발적인 인기를 얻는다. 데뷔 16년 만의 대박이었다. 앨범도 150만 장 판매를 기록하며 KBS 가요대상 가수상 등을 수상한다. 이후 1990년 〈거울도 안 보는 여자〉, 1991년 〈미안 미안해〉, 1992년 〈노란 손수건〉, 1993년의 〈사모곡〉 등 매년 연속으로 대박을 터트리며 트로트의 왕좌에 올랐다.

1996년, 태진아는 김자옥을 가수로 데뷔시키고, 코믹 프로에서 '공주'로 출연시켜 파격적인 연기를 하게 한다. 시청자들을 폭소로 뒤집어 놓으며 김자옥은 '국민공주'로 등극한다. 태진아의 남다른 발상과 감각이 돋보인 작품이었다.

태진아 부모 묘소. 보은 탄부면 소재.

> – 태진아는 모친의 묘를 쓴 지 10년도 안 되어 대박의 행진을 이어
> 간다. 묘를 쓰면 그 발음의 효과가 당대에 나타나는 사례이다.

　태진아는 국졸이어서 아는 것이 많지 않다고 스스럼없이 말하지
만, 라디오 〈태진아 쇼쇼쇼〉를 10년 넘게 진행한 재치와 입담은 그
의 내공이 만만치 않음을 보여준다. 기실 그는 고교졸업 검정고시
를 합격했고, 방통대 학위 소지자다.
　태진아는 자신이 만든 〈동반자〉, 〈잘 살 거야〉, 〈착한 여자〉, 〈아
줌마〉, 〈사랑은 눈물이라 말하지〉 등이 있는데, 특이한 것은 태진
아 본인은 악보도 볼 줄 모르고, 악기 하나 연주하는 것이 없다는
점이다.

태진아가 뮤직비디오를 만들려고 하자 유명 연예인들이 우르르 몰려와서 동참했다. 송대관과 명콤비를 이루며 〈송대관 &태진아 라이벌 콘서트〉를 지금도 이어가고 있다. 그의 운전기사는 태진아와 함께 청춘을 보냈으니 가족과 같다고 한다. 그의 인간관계를 보여주는 대목이다.

태진아는 말한다. 자신의 성취는 노력하고 노력하고 또 노력한 결과와 자신을 지켜준 아내 덕분이라고….

어머니의 임종을 지키지 못하고, 돌아가신 지 4년이 지나서야 태진아가 찾아왔다는 묘소. 그의 노래 〈사모곡〉은 고생만 하다 돌아간 어머니에 대한 회한이 담겨있다.

태진아 부모 묘소의 개략도.

보은 내북면 방면에서 출발한 맥로가 장안면을 경유하여 묘소의 후고(後顧)인 왕래산을 넘어와서 지현굴곡으로 흐르며 묘소에 대명당을 맺었다(사진에는 방향성만을 표시함). 묘소의 역량은 일류 대기업을 추동할 정도의 엄청난 풍수파워를 지닌 곳이다.

태진아 부모 묘소 뒤에서.

홍색선은 맥로의 흐름을, 청색선은 길흉의 경계를 표시했다. 아쉬운 점은 홍점을 찍은 곳이 핵심 정혈이니, 부친 묘소는 일부가 흉에 걸린 점이다.

태진아는 성공의 요인을 본인의 노력과 아내의 후원이라고 생각하지만, 풍객의 눈에는 엄청난 대명당에 모신 모친의 뭇바람이 수훈 갑이라는 판단이다.

홀연히 떠나간 예인, 김주혁 선영

불의의 사고로 돌연 세상을 떠난 배우 김주혁. 그의 사망 소식은 많은 사람에게 안타까움과 슬픔을 주었다. 그와 함께했던 연예인은 물론 일반 시민들도 추모행렬에 동참했다. 그런데 이런 불상사가 생기면 필자와 같은 풍객은 직감적으로 그의 선영에 문제가 있을 것이란 생각이 떠오른다.

김무생 조부의 묘소는 지금의 가족 묘에서 북쪽으로 10여 리 떨어진 대곳리에 있었다고 한다. 김무생의 부친이 목재 사업으로 많은 돈을 벌어 친척들에게 도움을 주었다는 전언과 김무생이 유명 배우로 성공한 것은 김무생의 조부모 묘소가 명당에 자리하고 있었던 것으로 추정된다.

2005년 4월 16일, 김무생이 별세하자 화장하여 경기도의 C 납골묘원에 모셨다. 그리고 2006년 4월, 그의 부모 묘소가 있던 곳에 가족납골묘를 만들어 조부모, 부모 그리고 김무생을 모셨다. 그리고 2015년 김무생의 부인이 별세하자 또한 이곳에 모셨다.

김주혁 가족납골묘 후경. 서산 대로리 소재.

전면에는 서해의 바닷물이 들어오는 갯벌이 보이고 그 중간에는 웅도와 고파도가 자리한다. 그리고 바다의 허(虛)함을 막아주려는 듯 후방산에서 일지맥이 만대항까지 치고 올라가 수구(水口)의 초병(哨兵)처럼 자리하고 있다. 배산임수에 빼어난 풍광이 속사(俗士)의 안목을 속이기 좋은 곳이다.

아니나 다를까, 납골가족묘는 흉지에 자리하고 있었다. 부모나 조부모 등 가까운 조상 중 한 분이라도 이런 곳에 모시면 어려움을 겪는데, 여섯 분을 함께 모셨으니 후손이 그 흉한 기운을 어찌 감당할 수 있겠랴.

김주혁 가족묘는 대명당으로 진입하는 맥로의 면배(面背)의 배(背)
에 해당하니 자리가 될 수 없는 곳이다. 애석한 것은 가족묘소에
서 불과 10여 보(步) 떨어진 곳에 대명당이 있는데 놓쳐버렸다.

> – 현대인의 일상은 선영의 관리가 쉬운 일이 아니다. 그래서 점
> 차 늘어나는 것이 가족납골묘다. 가족납골묘를 명당에 모시면
> 그 후손들 모두에게 유리하게 작용하지만, 흉지에 모실 경우에
> 는 가문 전체가 어려움을 당한다. 화장(火葬)의 시대, 풍수를
> 더 신중하게 고려해야 하는 이유이다.

코미디언 3인,
배삼룡·남철·남성남 납골묘

남철·남성남. 두 사람이 무대에 오르는 것만으로도 폭소가 터져 나오던 시절이 있었다. 과장된 동작으로 무대를 오가는 '왔다리 갔다리 춤'은 1970년대를 대표하는 코미디계의 히트작이었다. 이 춤은 훗날 김건모가 4집 타이틀 곡 〈스피드〉의 안무에서 오마주하기도 했다

필자는 요즘의 젊은이들이 열광하는 개그를 보면 감흥을 느낄 수 없다. 심지어 저런 싱거운 연기를 보면서 웃는 젊은이들을 이해하기 어렵다. 그 이유를 생각해보니 속칭 '몸개그'에 지나치게 몰입했던 우리 세대의 후유증인 듯싶다.

남철(윤성노: 1934~2013)·남성남(이천백: 1931~2015)

남철은 20대인 1954년에 연극배우로 데뷔했고, 1974년에는 조연으로 출연한 영화배우였다. 남성남은 1956년에 데뷔했으니, 두 사람의 연예계 출발 지점은 각기 달랐다. 그러나 두 사람은 1960년대 중반부터 연극 공연무대에서 함께 호흡을 맞춘 콤비였다.

그들은 MBC-TV 〈웃으면 복이 와요〉에 출연하면서 최고의 인기

를 구가했다. 두 사람은 아침부터 잠자리에 들 때까지 붙어다니며 전국을 누볐다. 그들은 방송과 무대에서는 기막힌 콤비였지만, 성격은 전혀 달랐다. 까칠한 성격의 남철은 밥도 혼자서 먹기 일쑤였고, 여관에서 잠을 잘 때도 떨어져 등을 돌리고 잤다. 성격이 다른 두 사람은 무대 뒤에서는 다시는 안 볼 사람처럼 자주 다투기도 했지만, 언제 그랬냐는 듯이 금방 화해를 했다. 어떤 후배는 "저 선배들이 화해하는 것은, 출연교섭은 두 사람이 함께 무대에 오르는 조건이었기 때문이었다"고 짓궂게 말했지만 그들의 지기지우(知己之友)를 몰랐을 리 없었을 것이다.

1990년 중반이 되자 두 사람은 모두 건강이 나빠져 활동을 중단했다. 그러자 가족끼리 서로 위로하며 죽을 때까지 함께 살자며 집도 아래위로 짓고 살기도 했었다.

남철이 2013년에 세상을 떠나자 남성남은 "나보다 어린 사람이 먼저 떠났다"며 오열을 금치 못했고 한동안 두문불출하는 등의 지독한 외로움에 시달리기도 했다. 2015년 8월, 남성남이 세상을 떠나자 '50년지기 단짝 남철 곁으로'라는 기사가 실렸다.

홍선으로 표시한 상단이 남성남, 하단이 남철 납골항.

그들은 사후에도 위아래로 유택(幽宅)을 정했으니 형제보다 더 친밀한 단짝이었음이 분명하다. 두 사람의 납골항은 상하 1m도 안되는 사이에 자리하니 풍수파워도 동일하다. 이곳은 납골원 핵심 주혈 바로 옆의 대명당에 잘 모셨다.

배삼룡(배창순: 1926~2010)

요즘 젊은 세대는 '개다리춤' 하면 '소녀시대'가 〈GEE〉를 부르며 춤추는 모습을 떠올리겠지만, 손과 발을 요란하게 흔들어대던 '개다리춤'의 원조는 1970년대를 주름잡은 배삼룡의 전매특허였다.

배삼룡은 강원도 양구에서 태어나 춘천초등학교를 졸업했다. 그는 동네에 악극단이 왔다는 소식을 듣고 무작정 입단하여 연극인

생을 시작한다. 악극단의 연구생으로 허드렛일을 하면서 단역에 출연하기도 했다. 이때 삼룡이란 예명을 쓰면서 실력과 인지도를 쌓아나갔다.

텔레비전 시대가 열리면서 그의 인생에 쨍하고 햇볕이 들었다. 1969년 MBC가 개국한 이후 〈웃으면 복이 와요〉, 〈명랑 소극장(KBS)〉 등 방송국을 넘나들며 '바보 연기'를 유감없이 발휘한다. 여세를 몰라 〈마음 약해서〉, 〈운수대통〉, 〈형사 배삼룡〉 등의 영화에도 출연하였다. 구봉서, 서영춘과 콤비를 이루며 당대 최고의 코미디언으로 상한가를 쳤다. 인기 절정의 배삼룡을 출연시키기 위해 MBC와 TBC가 대낮에 차량 활주극을 벌인 전설 같은 이야기가 지면을 장식하기도 했다.

배삼룡은 1970년대 한때, 2년 연속 연예인 소득 1위를 기록하기도 했으나 '삼룡사와'라는 음료업체를 설립했다가 부도를 맞는다. 설상가상으로 1980년에 집권한 군부정권은 '용모가 단정치 않고 바보 흉내를 냈다'는 어처구니없는 이유로 방송출연을 금지시킨다.

그와 콤비를 이뤘던 구봉서가 탄탄한 연기력이 장기였다면 배삼룡은 즉흥 연기의 달인이었다. 그는 카메라 앞에 서면 연습한 대사와는 달리 전혀 딴소리를 하여 상대를 당황하게 만들고는 또 다른 애드립으로 넘어갔다. "배삼룡은 순발력으로 똘똘 뭉친, 타고난 광대"였다고 구봉서는 회고했다.

　남철, 남성남의 납골묘 맞은편에 봉안하였다. 이곳도 상당한 역량의 명당이다. 후손이 사업을 한다면 중견기업은 추동할 역량의 혈처에 자리한다.

　코미디언 세 사람이 자리한 곳은 어떤 명당인지 살펴보자.

납골당으로 진입하는 맥로도.

초월읍의 무갑산 방향에서 출발한 맥로는 우선(右旋)으로 장원한 행도를 하다가 문형산을 경유해서는 납골원의 후고산을 크게 감싸며 백호방 언덕을 경유하여 진입한다.

납골원은 핵심주혈의 여기(餘氣)인 명당판 안에 자리하고 있다. 3명의 코미디언을 봉안한 납골실은 핵심주혈에 가장 가까운 곳으로 중견기업은 추동할 명당에 자리한다.

최동원·김형곤·양종철 납골묘

불멸의 투수 최동원(1958~2011) 납골묘

금테 안경을 쓴 역동적 투구 폼에서 쏟아내는 강속구와 낙차 큰 커브, 야구팬들의 마음속에 남아있는 최동원의 모습이다.

고교야구 열풍이 전국을 뜨겁게 달구던 1975년, 경남고 2년생 최동원은 전국 최강의 경북고를 상대로 노히트 노런을 기록한다. 다음 날에는 선린상고를 상대로 8회까지 노히트 노런 17이닝의 연속 기록을 세운다. 1976년에는 역전의 명수 군산상고를 상대로 탈삼진 20개의 기록도 세웠다. 그는 고교 시절에 이미 빛나는 스타였다.

1977년, 일본 롯데의 스프링캠프에서 최동원의 투구 모습을 지켜본 가네다(金田正一) 감독은 "꼭 스카웃하겠다"며 욕심나는 선수라고 감탄했다. 1981년, 메이저리그 진출을 제의받았으나 병역문제가 그의 발목을 잡았다.

한국프로야구는 1982년에 출범하고 최동원은 그 이듬해에 롯데에 입단한다. 1984년, 최동원은 한국 야구사에 불멸의 기록을 세운다. 한국시리즈에서 만난 삼성과의 7차전 경기 중 5차례나 등판하여 4승을 챙기는 기염을 토하며 약체 롯데에게 우승을 안겼다.

이후에도 1985년 20승, 1986년 19승, 1987년 14승을 거두며 롯데의 에이스로 활약한다. 특히 1986년과 1987년, 선동열(해태)과의 1승 1무 1패의 맞대결 승부는 지금도 야구팬들 사이에 회자(膾炙)되는 단골 메뉴다.

당시 최동원은 최고 연봉의 대우를 받았지만 열악한 조건에서 운동하는 동료들의 형편을 외면할 수 없었다. 야구선수노조 격인 선수협의회의 창설을 주도하자 롯데구단은 괘씸죄를 적용하여 그를 삼성으로 트레이드한다.

이 사건 이후 최동원은 야구에 흥미를 잃고 1991년 32살의 한창 나이에 그라운드를 떠난다. 은퇴한 그는 야구인으로 인생을 살고자 했으나 모든 구단은 그를 외면했다. 야인으로 10년을 보낸 2001년이 되어서야 한화 이글스의 지도자로 복귀한다. 그러나 몇 년 후에 찾아온 병마와 싸우다 그는 2011년에 야구팬들의 곁을 떠났다.

최동원 선수 납골함. 고양시 청아묘원 소재.

납골원의 핵심 주혈에 정확히 자리하고 있다. 그의 생전에 롯데와 부산시민은 그를 외면했고, 야구팬들은 그를 지켜주지 못했다. 그러나 이제는 대명당의 풍수파워가 그를 오래 기억하도록 지켜줄 것이다.

김형곤(1960~2006) 납골묘

그는 대학 재학 중에 TBC 개그 콘테스트를 통하여 연예계에 데뷔한다. 데뷔와 동시에 '공포의 삼겹살'로 불리며 대중의 주목을 받았다. 그를 결정적으로 유명하게 만든 것은 1986년 11월에 KBS의 '회장님 우리 회장님'의 비룡그룹 회장 역이었다. 독선적인 회장과 아부하는 임원들을 통하여 권위주의와 부패가 만연한 세상을 향해 거침없는 풍자를 날렸다. 이 코너는 정치권의 미움을 받아 방송이 일시 중단되기도 했지만, 전국적인 반독재와 민주화 운동에 힘입어 1988년 12월까지 방송할 수 있었다.

그리고 '탱자 가라사대', '꽃피는 봄이오면'을 통해서도 정치적 사건이나 비리 등을 김형곤 특유의 해학과 어투에 담아 시청자들의 가려운 곳을 시원하게 긁어주었다.

김형곤은 넘어지고 자빠지는 과장된 슬랩스틱 코미디를 지양하고 세태를 풍자하는 스탠딩 개그의 선구였고 달인이었다. 데뷔한 지 7년 만에 KBS 코미디 대상을 수상할 정도의 인기를 누렸다.

1999년에는 김종필 총재의 특보로 정치에 입문하여 2000년 총선에 출마하지만 낙선한다. 이후 '애들은 가라', '아담과 이브' 등 폭소 인생강좌를 통해 세상에 끊임없이 웃음을 전달했다. 그리고 2005년에는 자신의 웃음의 철학이 담긴 『엔돌핀 코드』란 책을 발간하면서 체중감량과 동시에 다이어트 사업도 시작하였다. 2006년 3월, 헬스장에서 과도한 운동을 하다 심근경색으로 47세의 나이에 세상과 작별했다.

김형곤은 원래 평범한 체중이었는데 개그맨이 되기 위해 체중을 늘렸고 이후 과체중이 그의 삶을 힘들게 했으며 운명마저 재촉하는 결과를 초래했다.

사후에 그의 시신을 의과대학에 기증한 것이 알려졌다. 웃음보다 진한 감동을 남기고 떠나갔다.

김형곤의 납골항(홍선).

중견기업 이상을 추동할 역량의 혈처에 자리한다. 김형곤의 바로 위에는 후배 개그우먼 김형은(1981~2007)의 납골항이 자리한다.

양종철(1962~2001) 납골묘

양종철은 '회장님 우리 회장님' 코너에 김형곤과 함께 출연했다. 극 중의 엄용수와 김학래 이사는 '회장님의 영원한 딸랑이'를 자처하며 아첨경쟁을 벌이는데, 회장의 처남 역을 맡은 양종철은 졸기가 일쑤였다. 어쩌다 하는 발언인 "밥 먹고 합시다"라는 뜬금없는 멘트였다. 회장과 이사들에게는 밉상이었지만, 시청자들에게는 폭소를 자아내며 당대의 유행어가 되었다. 한창 인기를 누리던 때에 교통사고로 갑자기 세상을 떠났다.

양종철 납골항. 풍수파워는 김형곤의 것과 대등한 역량이다.

청아묘원으로 진입하는 맥로도.

　건물 전면의 먼 곳에서 출발한 맥로가 묘원 근처의 언덕에 다다른다. 그리고 이곳에서 두 곳으로 분맥(分脈)하니 하나는 최동원 선수를 봉안한 건물로, 하나는 김형곤을 봉안한 건물로 들어간다.

　위의 세 분은 모두 명당에 모셨지만 납골항을 안치한 각각의 장소에 따라 길흉과 명당의 대소가 다르다.

: 서수남 부모와
박용하 묘소

 2018년 7월 초, 한 TV에서 서수남과 금보라가 대담 중이었다. 문
득 금보라가 아내 없이 딸을 키워 시집보낸 서수남을 칭찬했다. 일
순간의 침묵이 흐른 뒤 서수남이 어렵게 말을 이었다. "그 딸이 미
국에서 교통사고로 죽었어." 금시초문의 대답에 금보라는 당혹감
을 감추지 못했다. "인천공항에서 한 줌의 재로 돌아온 딸의 유골
을 안고 나오는데 정말 가슴이 아팠고 내가 죄가 많다는 생각이
들었다"며 서수남은 자책하였다. 또한 서수남은 18년 전, 집을 나간
아내가 남긴 10억 원의 부채를 언급하며 "현금과 집이 날아갔고 셋
방을 얻을 돈도 없을 정도였다. 몸이 망가지기 시작했고, 대인기피
증세까지 왔다. 그때, 세 딸이 모두 결혼할 나이에 그런 시련을 겪
었다"는 것이었다.

 서수남은 1962년에 MBC 라디오 주최의 콩쿨대회에서 금상을 수
상했고, 1964년에는 동아방송 주최의 경연대회에서 대상을 수상한
다. 이어서 남성 4인조 '아리랑 브라더스'를 결성하여 정식으로 데뷔
했다. 그 해, 〈동물농장〉을 발표해 선풍적 인기를 끌었다. 1969년
MBC의 〈웃으면 복이 와요〉에 하청일과 함께 등장하기 시작했다.
1975년의 〈과수원 길〉은 교과서에 실릴 정도로 대박을 쳤다.

'서수남·하청일'의 콤비는 TBC의 방송대상을 수상할 만큼 1970년대의 가요계에 한 획을 그은 그룹이었다. 1988년, 서수남은 음악교실을 열어 노래강사로 활동하기 시작했고, 1990년에는 '서수남·하청일'이 해체되었다

　서수남의 애통한 사연을 보고 그의 부모님 묘소를 찾아갔다.

서수남 부모님 묘소. 분당공원묘원소재. 흉지에 모셨다.

　모친이 2010년 10월에 별세하자, 부친도 이곳에 함께 모셨다. 부친이 일찍 별세한 것, 2000년에 경제적 손실을 당한 것은 선대묘의 흉이 작동한 것이다. 부모님을 이곳에 모시고 3년도 안되어 딸을 잃었으니, 부모님 묘가 설상가상의 작용을 하고 있는 셈이다.

동일 구역인데, 길흉이 전혀 다른 유명인 묘소가 있다.

　그는 1994년 MBC 테마극장으로 데뷔했다. 이후 탄탄한 연기력을 바탕으로 인기 상승의 유명한 연기자였다. 2002년에 출연한 〈겨울연가〉가 대박을 치자, 배용준과 더불어 인기가 치솟으며 한류 스타덤에 올랐다. 2003년에는 〈처음 그날처럼〉을 불러 가수로도 입지를 굳혔다. 일본에서 가수로 데뷔하여 2005~2009년까지 5년을 일본 골든디스크상을 받았다. 특히 2007년에는 '올해 최고의 싱글상'을, 2008년에는 '베스트 아시아 아트스트상'을 수상했다. 귀국 후에는 드라마의 주연을 맡는 등 왕성한 활동을 하였다. 2010년 6월, 새로운 드라마 촬영을 앞두고 홀연 세상을 떠났다.

박용하 묘소.

　묘소의 맥로는 사진의 홍선과 같이 청룡방의 산에서 출발한다.

비스듬히 내려오던 맥로가 묘소 뒤의 담장에서 크게 우선(右旋)하여 박용하의 묘소에 정확히 결혈한다.

　현해탄을 건너와 추모하는 일본의 여성팬들의 참배가 계속 이어지는 것도 명당에 자리한 풍수적 영향이 적지 않다는 생각이다.

　서수남 부모님은 박용하 묘로 들어오는 맥로의 배(背)에 해당하는 곳에 자리하고 있다.

: 영화 〈1987〉과
이한열 묘소

영화 〈1987〉의 열기가 뜨겁다. 2017년 12월 27일 개봉한 이후 누적 관객수가 650만을 넘어섰다. 영화 속의 연희는 우연히 시위에 휩쓸려 백골단(사복경찰)에게 쫓기고 있었고, 이때 한 학생의 도움으로 위기를 벗어난다. 학생이 입을 가렸던 수건을 내리는 순간 관객들이 술렁였다. 배우 강동원이었다. 그가 이한열의 역을 맡은 것은 영화의 뒷부분, 최루탄을 맞고 쓰러지는 장면을 보고서야 알았다.

연세대학교 교문 동판에는 다음과 같이 적혀있다.

'1987년 6월 9일 오후 5시. 당시 연세대 2학년이었던 이한열 열사가 최루탄을 맞고 쓰러진 이곳, 유월민주항쟁의 불꽃이 피어올랐다.'

1987년 1월 14일, 경찰은 서울대생 박종철을 불법 연행하여 고문하다 사망케 했다. '책상을 탁치니 억하고 죽었다'는 거짓으로 국민을 속였다. 박종철의 사망소식이 알려진 대학가의 분위기는 심상치 않았고, 숨죽였던 학생들의 가슴에는 분노가 끓기 시작했다.

그리고 4월 3일, 대통령 전두환은 헌법에 따라 차기 대통령 선거를 치르겠다는 성명을 발표한다. 즉, '대통령 직선제'로의 개헌이 아닌 간접선거로 후임을 선출하는 호헌(護憲) 조치였다. 영화 속의 호헌철폐 구호가 나오게 된 배경이다.

5월 27일, 재야인사 150명이 경찰의 감시를 따돌리고 을지로의 향린교회에 집결했다. 호헌조치에 맞서 싸우기 위한 국민운동본부를 발족했다. 재야인사뿐만 아니라 정치인 DJ와 YS도 힘을 보탰다. 그럼에도 군부독재는 난공불락의 철옹성 같았다.

6월 9일 오후, 연세대 학생들은 다음 날 있을 '박종철 고문치사 조작, 은폐 규탄 및 호헌 철폐 국민대회' 출정을 준비하는 집회를 열었다. 학생들이 교문 밖으로 진출을 시도하자 경찰들은 최루탄을 난사했고, 페퍼포크에서는 지랄탄이 쏟아져 나왔다. 맨 앞줄에 섰던 이한열은 경찰이 직사(直射)한 최루탄에 뒷머리를 맞고 쓰러졌다.

자욱한 최루가스 속에서 쓰러진 이한열을 일으켜 부축해 교정으로 옮긴 학생은 2년생 이종창이었다. 이종창도 대학을 입학했을 때는 영화 〈1987〉의 연희처럼 "그런다고 세상이 달라지나요"라고 생각했었다. 그랬던 그가 광주민주화항쟁의 진실을 알게 된 이후 '운동권 학생'으로 변해 6월 9일의 현장에 있게 된 것이다.

로이터 통신 정태원 기자 촬영. 정 기자는
"우리는 이 젊은이에게 피의 빚을 졌다"고
했다.

    이 사진이 보도되자 세계적인 파장이 일어났고, 국민들의 분노도
들끓었다.

    최루탄을 맞은 이한열은 30분 뒤에 완전히 의식을 잃었다. 연세
대 학생이 최루탄에 맞아 중태라는 소식이 전해지자 학생들의 분
노가 폭발했다. '넥타이부대'라 불린 사무직 종사자들도 거리로 나
섰고, 일반 시민들도 거리로 뛰어나와 가세했다. 버스를 타고 가던
시민들도 차창 밖으로 손수건을 흔들며 '독재타도'와 '민주쟁취'의
구호에 힘을 보탰다.

    7월 5일, 연세대 학생회관 건물에는 이한열의 운명을 알리는 검
은 만장이 내걸렸다. 27일 동안 사경을 헤매던 그는 시민들의 간절

한 바람에도 끝내 의식을 회복하지 못하고 산소마스크를 쓴 채 세상을 떠났다.

7월 9일, 연세대 교정에서는 친구들의 오열 속에 이한열의 영결식이 열렸다. 이한열의 운구 행렬은 당국의 제지선을 뚫고 대한문 앞 시청광장에 이르렀다. 광장에는 100만 인파가 몰려들었고, 전국적으로 160만 추모객이 참가했다. 그들이 외친 "한열이를 살려내라"는 함성에 군부독재가 무너지기 시작했다.

이한열이 세상을 떠난 지 30년, 영결식에서 이한열의 영정을 안고 있던 우상호는 중견 정치인이 되었고, 그 옆에서 대형 태극기를 잡고 있던 우현은 영화 〈1987〉의 치안본부장 역할을 맡았다. 2016년 여름, 박근혜의 서슬이 시퍼렇던 때에 불이익을 감수할 각오로 가장 먼저 달려와 이한열의 역을 맡아준 것이 배우 강동원이었다.

1987년, 스물두 살의 박종철과 이한열의 죽음은 민주 항쟁의 기폭제가 되었다. 미국의 독립을 이끌어낸 토마스 제퍼슨(Thomas Jefferson)은 '민주주의라는 나무는 피를 먹고 자란다'고 했다. 영화 〈1987〉은 제퍼슨의 명언을 화면으로 보여준 셈이다.

이한열 묘소. 광주 망월동 구묘역 소재.

이슬비를 맞으며 10여 명의 여학생들이 참배하고 있었다. 유리상
자 안에는 몇 권의 노트와 영화 1987의 포스터가 들어있었다.

이한열 묘소 맥로도.

담양 수북면 방면에서 출발한 맥로가 영산강을 건너 완만하게 좌선(左旋)하며 이곳 망월동 구묘역에 진입한다. 이한열 묘소는 이곳 일대의 주혈에 해당하는 명당이다.

　　영화 〈1987〉이 대박을 친 것은 이한열 묘소의 풍수파워도 적지 않게 작동했다는 생각이다. 대명당에 자리한 이한열. 그의 정신은 오래 기억될 것이고, 추모의 정서도 지속될 것이란 생각이다.

북파 공작원 흑금성,
박채서 선영

    안기부 특수공작원 흑금성, 박채서의 활동을 주제로 한 영화 〈공작〉이 고공행진의 흥행을 이어가고 있다. 김당이 쓴 〈공작〉을 읽고 그의 선영을 찾아갔다. 그의 드라마틱한 인생사를 선영을 통해 조망하고 싶었다.

박채서 조부모 묘소. 청주 남이면 소재.

    묘소는 흉지에 걸렸다. 조모는 원래 다른 곳에 있었는데, 몇 년 전에 조부와 합장으로 모셨다. 조모의 초장지는 상당한 명당에 있었으니, 이장(移葬)은 반남(潘南)박문에 설상가상(雪上加霜)이 된 셈이다.

박채서는 1977년 육군 제3사관학교를 졸업했다. 육군 소위로 임관했고 육군대학을 3등으로 졸업하여 참모총장상을 받았다. 1990년 소령으로 진급하자 국군정보사 공작단 본부에 배속되고, 정보사에서는 한미합동공작대(902정보대)로 그를 파견한다. 그의 업무는 미국 정보 요원들과 북한 핵개발 정보를 수집하는 일이었다.

3년의 공작 끝에 1992년 4월경 중국과학기술대의 교수를 포섭하여, 그로부터 북한의 핵개발 정보를 입수한다. 작업은 미국 중앙정보국(CIA)과 공조했지만, 정보는 미국이 독점했다. 대통령 YS는 2년 뒤인 1994년 6월 1차 북핵 위기가 터지자 비로소 북핵에 대해 알게 된다. 안기부가 대통령에게 가야 할 정보를 차단했다고 의심되는 대목이다.

그는 한미합동공작대에 3년여 근무하는 동안 한국 지도층의 추악한 실상도 목격했다. 미국 시민권을 미끼로 포섭된 각계각층 저명인사 380명이 미국의 이익을 위해서 활동하고 있었다.

박채서가 벌인 공작은 '포대갈이 사업'과 조총련계 재일동포를 통한 우회침투였다. 중국산 농산물을 북한 남포항으로 싣고 가서 포대만 북한산으로 바꾼 뒤 국내로 들여오는 것이 포대갈이 사업이다. 그는 이 과정에서 당시 북한 실세 장성택의 형인 장성우와 조카 장현철의 라인도 구축했다.

박채서는 장성택·김경희에게 접근하기 위해 안기부와 공조하여 포대갈이 사업을 적극 활용했다. 장현철한테 16만 달러어치 농산물을 수입한 뒤 인천세관에서 통관 불허토록 조치했다. 이 일로 장현철은 중국 공안에 구금되는데, 이로써 북한에서는 아무리 고위직이라도 외화를 쉽게 동원할 수 없는 현실을 파악하게 되었다. 공작팀이 16만 달러를 해결해주자 장현철은 석방되고, 보답으로 훗날 장성우는 박채서의 평양방문에 많은 도움을 주었다.

박채서 부모님 묘소. 청룡방 봉분은 모친의 수묘(壽墓).

박채서 부모님 묘소 맥로도.

조산(朝山)의 백호방에서 출발한 맥로가 우선(右旋)하며 동남방의 조산에 이르러서는 묘역 전면으로 직행한다. 상당한 대명당의 정혈에 잘 모셨다. 묘소 앞의 청색선 뒤(상단)로는 모두 자리가 될 수 있는 곳이다. 부친은 당초에는 지금 묘소의 하단의 흉지에 모셨다. 몇 년 전에 이곳으로 옮겼다.

박채서의 공작 실력을 평가한 안기부는 1995년 3월 그를 스카우트한다. 이때부터 안기부 해외공작실 공작원(암호명 흑금성)으로 대북 특수공작에 투입된다.

박씨는 '아자커뮤니케이션'이라는 광고회사 전무로 위장 취업했다. 그는 남북합작 광고를 찍는 사업을 추진하며 북한을 오갔다. 그리고 북한 보위부에 위장 포섭되면서 남북 양측으로부터 신임을 받아나갔다.

당시 외화난에 시달리던 북한은 골동품 매각을 위한 믿을 만한 파트너를 찾던 중 박채서가 눈에 들어왔다. 박채서는 고려청자 등 골동품 6점을 서울에서 비싼 값에 처분해주었을 뿐만 아니라 감정사를 대동하여 북한의 유적지를 다니며 감정능력을 인정받았다.

박채서의 골동품 처분 과정을 지켜본 북한 측은 '틀림없는 우리 사람이다'라고 믿게 되었다. 그 결과인지, 박채서는 1997년 6월에 김정일 위원장을 독대한다. 광고사업과 골동품 처분에 대한 격려를 하던 김정일은 뜻밖에도 남한의 대통령 선거를 언급했다. 북한은 의외로 김대중 후보를 기피했고, 이인제 후보를 선호했다. 그리고 당시 안기부장 권영해는 이회창 후보를 밀고 있었다.

박채서는 적(北)이 가장 싫어하는 후보가 우리(南)에게는 가장 좋은 후보라고 생각했다. 그는 DJ캠프의 인사를 접촉하여 북한은 오익제 월북사건을 시작으로 김대중 낙선공작을 할 것이란 정보를 알려준다.

선거가 임박할수록 그의 제보가 하나씩 실체를 드러내면서 DJ캠프는 다급해졌다. 1997년 11월 5일 밤, 그는 DJ를 직접 만나게 된다. DJ는 그의 손을 잡고는 '박 선생, 대통령이 되고 싶소. 그런데 북풍을 못 막으면 난 안 되오. 도와주시오.' 본심을 솔직하게 털어놓는 DJ의 요청이 그의 마음을 움직였다.

박채서가 전해준 안기부의 대선 공작 관련 정보는 1997년 대선에서 북풍을 막는 데 기여한다. 대선을 앞두고 한나라당 인사들이 북한에 무력시위를 제안한 총풍(銃風)사건의 정보도 DJ캠프에 알렸다. 그리고 DJ 낙선을 위한 안기부의 '아말렉 공작(재미동포 윤홍준의 DJ비방 기자회견)'도 사전에 알려 무력(無力)화시켰다.

1998년 3월, 북풍공작 수사가 시작되자 안기부장 권영해와 해외공작실상 이대성은 자신들의 공작을 은폐하기 위해 문서를 짜깁기한 속칭 '이대성 파일'을 언론에 공개한다. 신분을 가리고 활동하던 '블랙요원'이었던 그의 신원이 노출되었다. 박채서 본인도 자신의 암호명이 흑금성인지를 비로소 알게 된다. 그해 6월, 박채서는 위로금을 받고 안기부에서 해직되었다. 그 후, 그는 중국으로 건너가 남북합작 광고사업을 모색한다.

2005년, 남한의 이효리와 북한 무용수 조명애가 함께 등장한 남북합작 광고 제작에도 관여했다. 이명박 정권 시절인 2010년 6월 10

일 새벽, 박채서는 자택에서 국정원 요원들에게 체포되었다. 북한에 군의 작전교범 등을 전달한 혐의 등으로 2010년 6월 구속 수감돼 이듬해 징역 6년 형이 확정됐다. 박 씨는 2016년 6월 만기 출소했다.

5대를 함께 모신 박채서 선영.

몇 년 전 증조를 포함한 5대를 한 곳에 모셨다. 소지소혈이지만 누대를 함께 모시니 풍수적 도움을 받을 것이다.

오늘날 박문(朴門)의 후손들이 각기 제 역할을 한 것은 조모를 처음에 모셨던 명당에 기인한다. 그리고 최근에 박채서가 새로 조명을 받는 것은 이장한 부친의 묘소 덕분일 것이다. 박채서는 국가를 상대로 재심청구와 새로운 사업을 모색할 것으로 알려졌다. 그러나 조부모 묘소는 후손들의 앞길에 걸림돌로 작용할 것이다. 그의 선산에는 대명당 혈처가 비어있다. 조부모를 그곳으로 옮겨드리면, 그의 형제와 자녀들의 인생항로도 순조로울 것이란 판단이다.

몬주익의 영웅,
황영조 선영

　제25회 바로셀로나 올림픽. 1992년 8월 9일(한국시간 10일 새벽), '마(魔)의 코스'로 불리는 몬주익 언덕 아래 40Km 지점까지 일본의 모리시타와 치열한 접전을 벌이던 황영조가 막판 스퍼트로 선두로 나섰다. 주경기장으로 들어오는 황영조의 모습이 보이자 7만 관중은 기립박수로 그를 맞이했다. 황영조는 트랙을 돌면서 두 손을 번쩍 치켜들며 관중들의 환호에 답했다.

　1936년, 베를린 올림픽에서 세계신기록으로 우승을 했지만 태극기를 가슴에 달지 못했던 손기정의 한(恨)과 올림픽 마라톤에 대한 응어리가 풀리는 순간이었다. 42.195km의 레이스, 고통의 순간마다 황영조가 떠올린 사람은 고향의 어머니와 손기정이었다고 한다.

　1995년 12월 17일, 한 신문의 기사내용이다. 이동통신회사에서 시행하는 철탑공사 지점이 황영조의 할아버지 묘소 근처로 알려졌다. 황영조 부친과 지역인사들은 지관을 초빙하여 현장을 답사하였다. 지관은 "조부 묘소 인근에 철탑이 세워질 경우 황영조의 정기가 소멸될 것이다"라고 말하자 주민 20여 명은 공사 중단을 요구했다. 20여 년 전, 사람들 마음속에 자리한 풍수공감(共感)이 엿보이는 대목이다.

황영조가 태어난 삼척 초곡마을은 바다를 맞대고, 양쪽 산곡 사이에 50~60가구가 자리한 전형적인 어촌이다. 옥상 앞면에 올림픽 휘장이 붙어 있는 황영조의 생가가 눈에 띄었다. 동네 아주머니들이 모여 김장을 담그고 있었는데, 고개를 드는 분이 황영조 어머니였다.

오륜기 휘장이 선명한 황영조 생가

동네는 산곡 사이에 자리하여 외관상으로는 명당이 되기 어려운 곳이나, 확인해보니 황영조 생가뿐만 아니라 동네 대부분의 집들이 좋은 터에 자리하고 있다.

동네 뒤쪽 1km 정도 떨어진 곳에 황영조의 선영이 있다. 비교적 높은 지점의 산에서 어머니는 건너편 야산에 선영이 있는 곳을 가리켜 주셨다.

황영조 증조부모 묘소.

황영조 조모 묘소.

증조부모와 조모 묘소는 같은 산줄기에 위아래로 모셨다. 증조부 묘소는 자리가 아니어서 후손들에게 풍수적 도움을 줄 수 없다. 그 하단에 자리한 조모 묘소는 후손들이 근근이 살아갈 정도의 소지소혈이다.

황영조 어머니가 알려줄 때, 증조와 조모는 시야에 보이는 곳에 있었으나 조부 묘소는 시야 밖에 있었고 아무런 표식도 없었다.

황영조 조부 묘소. 조모와는 다른 산줄기에 모셨다.

야산에는 여러 기의 묘소가 있었지만 엄청난 풍수파워를 발하는 황영조 조부 묘소는 단박에 알아볼 수 있었다. 혈처의 역량은 대기업 오너의 풍수파워와 대등하다. 궁벽한 바닷가 마을 출신의 황영조가 올림픽의 꽃인 마라톤의 월계관을 쓸 수 있었던 것은 조부 묘소의 풍수파워가 결정적인 도움을 주었다는 판단이다.

- 이곳의 맥로는 동해에서 출발하여 육지로 거슬러 올라온다. 초곡마을 백호방을 따라 올라온 맥로가 산의 9부 능선에서 낙맥하여 황영조 조부 묘소에서 대명당을 맺었다. 기는 물을 만나면 흐름을 멈춘다(氣界水則止)는 장경(葬經)의 이론이 맞지 않는 사례다.

- 조부 묘소 사진을 황영조 어머니에게 보여주니, 비석도 없는데 어떻게 찾았느냐며 신기해하셨다.

황영조 부친 납골묘. 2005년 별세. 영천 호국원 소재.

부친은 월남전 참전용사였다. 애석하지만 흉지에 자리한다. 선영에서 길지를 찾아 옮겨드렸으면 하는 바람이다. 본인에게 풍수적 영향을 가장 많이 주는 것은 부모님 묘소이기 때문이다.

일
본
편

청수사(淸水寺)와
백제 후손 다무라마로 묘소

'청수사(淸水寺 기요미즈데라)를 보지 않으면 교토를 봤다고 할 수 없
다'고 한다. 1년에 교토를 찾는 약 800만 명의 관광객 중 60%가 청
수사를 방문한다고 하니 말이다.

청수사는 단연 '청수의 무대(舞臺)'가 압권이다. 청수사는 본래 절
집이 들어앉기에는 부적절한 곳에 자리하고 있다. 그러나 본당을
앉히면서 벼랑의 가파름을 역으로 이용하여 무려 391개의 기둥이
떠받치는 넓은 무대를 설치함으로써 본당을 남향으로 돌려 앉혔
다. 이로써 깊은 산속의 아름다움과 넓게 트인 호쾌한 전망을 절집
으로 끌어들여 '청수의 무대'라는 전설을 낳은 것이다.
청수의 무대를 떠받치는 나무기둥들이 못 하나 사용하지 않고
전후좌우로 견고히 조합된 인공의 공교로움 때문에 더욱 감동적이
다(유홍준의 『나의 문화유산 답사기 일본편』 中에서).

몇 년째 보수 중인 청수의 무대. 장쾌한 진면목이 드러나지 않아 아쉬움만…

가파른 산언덕에 자리한 청수사, 전통풍수의 관점에서는 결코 양택이 자리할 곳이 아니라고 말할 것이다. 그러나 필자가 확인한 바로는 교토에서 최고의 양택 대명당에 자리한 것이 청수사다. 수 많은 관광객이 끊이지 않는 것에는 청수사의 풍수파워도 적지 않 게 작용하고 있다는 판단이다.

지금의 청수사는 도쿠가와 막부의 3대 쇼군인 이에미쓰(德川 家光) 가 기진(寄進: 시주)하여 지은 것이나, 원래 청수사를 창건한 사람은 사카노우에노 다무라마로(坂上田村麻呂: 758~811)장군이다.

일본 헤이안 시대의 설화집인『금석물어집(今昔物語集)』에 실린 이 야기다. 사카노우에노 다무라마로는 청수사 아랫마을에 살고 있었다. 출산한 아내의 건강이 좋지 않자 산후조리에 좋다는 사슴을 사냥하여 귀가 중이었다. 산중에서 들리는 청아한 소리에 끌려서 가보니, 폭포 아래에 엔친(延鎭)이란 스님이 독경 중이었다. 엔친은 이곳에 절을 세우려고 발원을 하고 있었다. 다무라마로는 살생을 범한 죄를 참회하기 위하여 엔친과 힘을 합하여 청수사를 세웠다. 그 덕에 부인의 건강도 좋아지자 다무라마로 부부는 절에 관세음상을 받쳤다. 이 불상이 영험하다는 소문이 나자 많은 참배객들이 찾기 시작했다.

당시 조정은 동북방에 자리하고 있는 에조족(蝦夷族, 아이누족)의 문제로 골치를 앓고 있었다. 그들은 조정의 가혹한 세금과 부당한 간섭에 난을 일으켰고, 조정은 원정군을 보냈으나 실패로 돌아갔다. 797년, 조정은 다시 에조를 정벌하기 위하여 다무라마로를 정이대장군(征夷大將軍)에 임명하는데, 그의 가문은 백제계 도래인 후손으로 대대로 군사(軍事)를 담당해 왔기 때문이다. 다무라마로가 10만 대군을 이끌고 출병하자 에조족은 항복을 선언하고, 다무라마로는 개선장군으로 돌아왔다. 그의 공로를 높이 산 천황은 넓은 부지를 하사하고 왕실의 원당(願堂)사찰로 승격하니, 작은 사찰에 불과했던 청수사는 어원사(御願寺)로 격상하였다. 국민적 영웅이 된 다무라마로의 인기에 힘입어 청수사의 참배객은 더욱 늘어났다. 이후 청수사는 소실과 재건, 파괴와 복원을 거듭했고, 오늘날의 모습은 에도시대인 1633년에 재건한 것이다.

백제계 후손이며 자랑스런 우리의 선조인 사카노우에노 다무라마로의 묘소가 궁금해졌다.

　교토역에서 다이고지(醍醐寺)행 버스를 타고 동쪽방향으로 25분쯤 가서, 야마시나(山科)구의 오이시신사(大石神社) 정류장에서 하차하여, 대로를 따라 10분 걸으면 오른쪽에 사카노우에 공원이 있고, 공원 안에 다무라마로 묘소가 있다.

　정이대장군 판상전촌마려공묘(征夷大將軍 坂上田村麻呂公墓)이라고 선명하게 새겨져 있다. 묘역은 메이지 20년(1887), 헤이안 천도 천백년을 맞이하며 정돈한 것이다. 이국에 묻힌 지 1,200년이 지났지만, 가까운 내 조상 같고 일본이 남의 땅이 아닌 느낌이 들었다.

다무라마로 장군 묘소 맥로도.

맥로는 봉분의 오른쪽으로 들어와 대명당을 결혈하였으니 묘소의 역량은 대기업을 추동할 정도의 혈처에 자리한다. 맥로가 출발한 곳은 야마시나(山科)구 북쪽, 교토의 동쪽 산자락에서 출발한 것이다. 천년의 세월이 지났음에도 지금까지 묘소가 잘 보존되고 있는 것도 대명당에 모셨다는 반증이기도 하다.

천하를 눈앞에 두고, 오다 노부나가 선영

　1582년 6월 21일 새벽, 오다 노부나가(織田信長)가 머무는 혼노지(本能寺)에 가신(家臣) 아케치 미쓰히데(明智光秀)가 급습한다. "적은 혼노지에 있다(敵は本能寺にあり)."는 외침에 따라 1만의 반군(叛軍)이 난입하자 중과부적을 느낀 노부나가는 자결한다. 또한 니조성(二條城)에서 저항하던 그의 장남 노부타다(信忠)도 아케치군의 맹공을 감당치 못하고 목숨을 끊는다.

　이때의 노부나가는 막강 군단 다케타(武田) 가문을 병합하여 기세가 한껏 높았다.

　노부나가는 숙적인 안키국(安芸国: 현 히로시마 서부)의 모리(毛利)가를 토벌하기 위하여 하시바 히데요시(羽柴秀吉: 도요토미 히데요시)를 파견하고, 그를 지원하기 위하여 혼노지(本能寺)에 머물던 중이었다.

혼노지(本能寺). 교토 중경구 소재.

　지금의 혼노지(本能寺)는 1591년 도요토미 히데요시의 명에 의하여
옮긴 것이니, 혼노지의 변이 발생했던 곳은 아니다.

오다 노부나가 묘소. 혼노지 경내.

묘소는 명당에 자리하나, 노부나가의 유골은 없다. 노부나가가 자결하자 시신은 혼노지의 화염 속에 던져져 유골조차 수습할 수 없었다고 한다.

> 인간사 오십년 넓고 넓은 우주와 비교하면, 꿈같이 허망한데
> 한 번뿐인 생을 얻어, 죽지 않는 자가 어디 있으랴
> 人間五十年,下天の內を比ぶれば,夢幻の如くなり
> 一度生を得て,滅せぬ者のあるべきか
>
> — 아쯔모리(敦盛) 중에서

1560년, 노부나가는 5천의 병사를 오케하자마(桶狹間) 계곡에 매복시키고 이마가와 요시모토(今川義元)의 3만 대군과 생사의 결전을 앞두고 있었다. 생사의 기로에 선 26살의 노부나가가 읊었던 아쯔모리(敦盛)의 한 구절이다. 오케하자마 전투에서 의외의 대승을 거두자 노부나가의 명성이 전국을 진동시켰다.

노부나가는 화통한 행동력, 비상한 두뇌, 신문물을 과감히 수용한 개혁자로 요즘의 일본인에게도 인기가 높지만, 어린 시절에는 오히려 '오와리의 얼간이'로 불리기도 했다.
그는 호족 신분임에도 서민들의 옷을 즐겨입고, 농민들과 어울리기를 좋아했다. 또한 호기심이 강해 화약과 조총을 다루다가 불을 내는 등의 기행을 벌이기도 했다.
당시의 호족들은 병농일치의 농민병을 전투에 참가시켰는데, 노

부나가는 훈련된 전문 정예병을 양성하였다. 그리고 철포(화승총)부대를 조직하여 전국시대의 전투방식을 바꿔놓았다. 전쟁의 힘은 경제력이라는 것을 간파한 그는 상공업을 장려하여 상인들을 자신의 편으로 끌어들이기도 했다.

1568년, 무로마치(室町)막부의 마지막 쇼군인 요시아키(足利義昭)를 옹립하고 교토를 장악한 오다 노부나가. 그는 막강한 승병(僧兵)세력을 처절하게 패퇴시켰고, 대사찰인 엔라쿠지(延曆寺)를 불태우기도 했다. 무력에 의한 천하통일(天下布武)이 그의 방침이었다.

1572년, 도쿠가와 이에야스와 연합한 그는 다케다 신겐(武田信玄)과 격돌하고 대패하여 위기에 몰렸으나, 신겐이 진중에서 병사하자 재기에 성공한다. 또한 1578년, 우에스기 겐신(上杉謙信)마저 병사하니 노부나가의 천하통일이 눈앞에 성큼 다가왔다.

노부나가의 아들 노부타다 묘소. 교토 상경구 아미타사 경내.

노부타다 묘소의 맥로도.

이곳의 맥로는 청룡방 먼 곳에 보이는 야산으로부터 출발하는 대명당이다. 노부타다 묘소에 결혈한 맥로는, 그 방향이 앞을 향하고, 혈처의 범위는 좌우로 넓게 벌렸다(청색선). 그래서 묘소 백호방에 자리한 가신(家臣)들의 묘소는 모두 자리가 좋다.

혼란스런 전국시대의 통일을 눈앞에 두고 있던 오다 노부나가, 아들과 함께 급작스런 죽임을 당한 그 풍수적 원인은 어디에 있을까.

노부나가의 부친 노부히데(織田信秀) 묘소 팻말.

노부히데(織田信秀) 묘소. 나고야 반쇼지(万松寺) 경내.

노부히데는 17세에 가독(家督)을 물려받고 집안의 내홍을 극복한 후에 오와리(尾張) 일대를 장악하고 혁신적인 정책으로 상업을 발전시켰다. 또한 오와리의 호랑이라 불리며 영토를 확장하여 아들 노부나가가 천하통일의 꿈을 가질 수 있는 기초를 다졌다.

1552년, 병으로 사망하자 이곳 반쇼지에 매장했다. 장례 때, 노부나가는 아버지의 위패에 향가루를 뿌리는 등의 기행(奇行)을 보이기도 했다.

2017년 3월에 노부히데의 묘소를 간산했었다. 그때는 묘소 이전 작업이 진행 중이어서 묘소를 볼 수 없었다. 지금의 묘소는 건물 뒤에 있던 것을 앞으로 옮긴 것이다. 묘소가 원래 있던 곳이건 현재의 자리이건, 대흉에 걸린 것은 동일하다. 엄청난 대흉에 걸린 노부히데의 묘소가 아들과 손자가 같은 날 흉사를 당하는 원인을 제공했다는 풍수적 판단이다.

노부나가를 죽음으로 몰아넣은 아케치 미쓰히데의 묘소도 찾아갔다.

아케치 미쓰히데(明智光秀) 무덤. 교토 동산구 우메미야초(梅宮町) 소재.

　'미쓰히데공(光秀公)' 현판이 걸린 사당, 이곳의 풍수파워는 노부나가의 묘소(虛墓)보다 훨씬 좋다.

　1582년, 혼노지에서 주군인 노부나가를 제거했지만, 회군한 하시바 히데요시에게 패하여 도망치다 자결한다. 부하가 미쓰히데의 머리를 이곳에 묻었다고 한다. 아케치 미쓰히데가 주군인 노부나가에게 반역한 이유는 지금까지도 수수께끼로 남아있다.

아들 대에 끝장난
도요토미 히데요시 묘소

도요토미 히데요시(豊臣秀吉)는 조선을 침략한 원흉으로 우리는 매우 싫어하는 사람이지만, 일본에서는 흙수저 출신으로 전국을 통일한 희대의 영웅으로 추앙받고 있다.

근본도 알 수 없는 농민의 아들로 태어난 히데요시. 그의 운명은 18살에 오다 노부나가의 하인이 되면서 바뀌었다. 원숭이를 닮은 외모와 재간꾼인 그는 오만한 노부나가의 비위도 잘 맞추고, 기발한 아이디어를 제공하면서 신임을 받는다. 히데요시는 30대에 많은 전투에서 전공을 세워 영지를 소유한 다이묘(大名)가 된다. 그리고 40대에 혼슈의 서쪽인 주고쿠(中國) 방면 사령관에 임명되어, 빗쥬(備中)의 다카마쓰(高松: 현 오카야마시)를 공략할 때 혼노지의 변이 발생한다. 노부나가가 사라진 빈자리를 차지한 그는 여러 성을 평정하여 1585년에는 신하로는 최고의 자리인 간바쿠(関白)에 오르며 전국을 통일한다. 전국을 통일했지만 각지의 다이묘들은 여전히 병력을 보유하고 있었다. 히데요시는 그들의 세력을 약화시키기 위하여 1592년에 임진왜란을 일으킨다. 출병 직전에는 누나의 아들을 양자로 삼았는데, 1593년 57세에 측실인 요도도노(淀殿)가 아들을 낳자 양아들인 히데쓰구(豊臣 秀次)에게 할복을 명한다. 그리고 1598년, 이에야스 등 5명의 대로(大老)에게 후사를 부탁하고 세상을 뜨니 그의 나이 62세였다.

도요토미 히데요시 묘. 교토 동산구 아미타봉 소재.

묘소는 표고 194m에 불과하지만, 가파른 485개의 계단을 올라가
야 한다. 엄청난 대흉지에 모셨다. 이 묘소가 아들 히데요리(豊臣 秀
頼)의 패망을 초래하였다는 풍수적 판단이다.

히데요시를 모시는 사당 풍국조(豊国廟). 묘소 하단에 소재.

묘소는 물론 풍국조를 포함한 이 일대는 도처가 흉지다.

도요토미가(家)가 망하자 히데요시의 묘소와 그의 사당인 풍국조(豊国廟)도 모두 훼손되었다. 지금의 모습은 히데요시 300년 주기(週忌)인 메이지 시절에 복원한 것이다.

히데요시를 이곳에 안장하고 2년이 지난 1600년 10월, 히데요시 세력은 세키가하라(関ヶ原)의 전투에서 이에야스에게 패하여 전국의 주도권을 상실하게 된다.

히데요시의 아들인 히데요리를 확실히 제거하기로 결심한 이에야스는 1614년 11월의 겨울 공세와 다음 해인 1615년 4월의 여름 공세로 마침내 오사카 성을 함락시킨다. 이때 히데요리는 모친과 같이 자결하니 그의 나이 23세였다. 어린 히데요리를 상대로 위계(僞計)로 승리를 거둔 이에야스에 대한 비난도 있지만, 후계자였던 조카 일족을 무참하게 죽이고, 조선을 침략하여 무고한 인명을 살상한 히데요시의 업보라는 생각이다.

불행하게 세상을 떠난 히데쓰구의 묘를 찾아갔다.

히데쓰구와 일족 묘소. 교토 중경구 즈이센지(瑞泉寺) 경내.

　히데요시는 누나의 아들을 양자(壻養子) 겸 후계자로 삼아 간바쿠 (関白)의 지위까지 올려놓지만, 자신의 아들 히데요리(豊臣 秀賴)가 태 어나자 1595년 히데쓰구에게 할복을 명하고, 그의 어린 자식과 일 족 39명을 처형한다. 히데쓰구는 불행하게 삶을 마감했는데, 저승 에서도 편안한 자리를 얻지 못했다.

히데요리의 모친 요도도노(淀殿) 묘소.

　오사카 북구에 자리한 다이슈지(太融寺)를 들어가면 요도도노의
묘소를 알려주는 팻말이 있다.

사찰의 전면에서 들어오는 맥로가 요도도노의 묘소에 정확히 결혈하니, 사찰의 주혈이다.

아들과 함께 자결한 그에게 대명당이 무슨 소용이 있겠느냐만, 그래도 역사를 기억하는 사람들의 발길은 끊임없이 이어질 것이다.

> – 히데요리 유해의 행방은 지금까지도 오리무중이다.

일본인도 모르는 이에야스 부친묘, 도쿠가와 선영

　도쿠가와 이에야스의 조년은 신산간난(辛酸艱難)의 연속이었다. 그는 미카와(三河国)의 오카자키(岡崎) 성주의 아들로 태어났다. 미카와는 동남쪽에는 이마가와가(今川家), 북서쪽에는 오다가(織田家)의 세력에 낀 약소한 세력이었다. 6살에 이마가와가(今川家)에 인질로 가던 중 오다가에게 납치되어 끌려갔다. 이듬해에는, 오다가와 이마가와가 간의 인질교환에 따라 이마가와의 슨푸성(駿府城)으로 보내졌다. 8살에, 아버지가 부하에게 살해되어 가독(家督)을 이었지만 이국땅에 억류된 상태로 영지는 이마가와의 지배를 받는 상태였다. 인고의 세월이었지만, 그에게는 두 개의 행운은 있었다. 미카와의 가신들은 변함없이 이에야스의 귀환을 기다려줬고, 셋사이(太原雪齋)라는 고명한 스님에게 군사교육을 받은 것이다. 이는 이에야스가 유능한 장수가 되어 이마가와 가문에 충성하기를 바라는 조치였다. 1560년 6월, 오케하자마(桶狭間) 전투에서 이마가와 요시모토(今川義元)가 패퇴하고 사망하자, 이에야스는 11년간의 인질생활을 청산하고 19살이 되어 오카자키로 돌아온다.

　이에야스의 파란만장한 일생은 생략하고 이름의 변천을 살펴보자.

> 1. 아명은 다케치요. 즉, 마쓰다이라 다케치요(松平 竹千代).
>
> 2. 관례(성인식)를 치룰때, 모토노부(松平元信)라 했다. 그를 인질로 잡고 있던 요시모토(今川義元)가 자기 이름에서 모토(元)를 따서 지은 것이다.
>
> 3. 모토노부(松平元信)의 노부(信)는 이마가와가(今川家)와 적대적인 오다가(織田家)의 이름에 쓰는 글자였다. 그래서 노부(信) 대신에 야스(康)을 넣어 모토야스(元康)라고 바꾼다. 야스(康)는 이에야스의 조부 기요야스(淸康)에서 취한 것이다.
>
> 4. 1560년 6월, 이마가와가(今川家)가 오케하자마(桶狹間)전투에서 패하자, 요시모토가 지어준 모토야스(元康)에서 이에야스(家康)로 바꿨다. 이에(家)는 헤이안 시대의 전설적 무장인 겐지가(源義家)에서 취한 것으로 자신도 뿌리가 깊은 집안임을 드러낸 것이다.
>
> 5. 마지막으로 1566년 조정으로부터 도쿠가와(德川)란 성을 하사받아 도쿠가와 이에야스(德川家康)가 되었다.

이름의 변천사에도 영욕이 점철된 이에야스의 인생이 담겨있다.

도요토미 히데요시가 세상을 뜨자, 다이묘들은 이에야스를 지지하는 동군과 반(反)이에야스의 서군으로 진영이 나뉘어진다.

1600년, 이에야스는 세키가하라(關ヶ原)전투에서 서군을 물리치고 전국의 주도권을 장악한다. 1603년는 에도에 막부를 개창하고 쇼군(征夷大将軍)에 취임한다. 1615년, 74세의 노구를 이끌고 오사카 성을 함락하여 전국을 완전히 평정하고 그 이듬해에 세상을 떠났다.

2017년 3월에 구노(久能)산 도쇼궁(東照宮)에 모셔진 이에야스의 묘소를 간산한 적이 있지만, 풍수에서는 유명인보다는 그 유명인을 배출한 선영이 관심의 대상이다.

　도쿠가와 이에야스의 본향인 아이치켄(愛知県)의 오카자키(岡崎)를 찾아갔다. 이에야스의 선영은 오카자키에 4곳이 있는데, 일반에게 공개된 3곳을 간산했다.

　먼저 찾은 곳이 쇼오지(松応寺)다.

　1549년 4월, 오카자키 성주였던 마쓰다이라 히로타다(広忠)가 가신에게 암살되자 시신을 노미가하라(能見ヶ原)의 월광사(月光庵)에 묻었다. 그해 11월, 이에야스는 인질이 되어 슨푸(駿府)로 가는 길에 참배를 하고, 묘 위에 작은 소나무를 심으며 마쓰다이라 일족의 번영을 기원했다.

　1560년, 인질에서 풀려난 이에야스는 비명에 죽은 아버지의 극락왕생을 위하여 월광사 자리에 절을 세웠다. 이에야스가 심었던 소나무도 푸르게 자랐고, 인질이었던 자신도 성주가 되어 다시 미카와(三河)로 귀환함을 기뻐하며 "내 염원에 응답한 소나무"라며 절의 이름을 쇼오지(松応寺)라 지었다.

　이곳은 에도시대 내내 막부에서도 중요시하였다. 이에야스를 비롯하여 히데타다(秀忠: 2대 쇼군), 이에미쓰(家光: 3대 쇼군) 등 역대 쇼군도 참배를 하니 번성하였다.

히로타다 묘소. 쇼오지(松応寺) 경내.

　묘소는 사방을 석축을 하였으나, 묘역을 보호하는 토담은 많이 훼손되었다. 이곳에는 히로타다를 모시지 않았다고 확신한다. 부친을 이런 흉지에 모셨다면 이에야스는 대망을 이룰 수 없었을 것이다.

쇼오지에서 남쪽으로 500m도 채 안 되는 곳에 다이린지(大林寺)가 있다. 다이린지에는 이에야스의 조부모와 부친의 묘소가 있다.

1535년, 이에야스의 조부 기요야스(清康)가 죽자 유해를 즈이넨지(隨念寺)에서 다비한다. 비구니가 된 조모는 1548년 2월, 다이린지에서 별세하고 다음 해인 1549년, 아들인 히로타다도 젊은 나이에 죽었다.

마쓰다이라가(家)는 오다가(家)와 이마가와가(家)의 간섭이 두려워 몰래 유해를 다이린지로 옮겼다. 이것이 기요야스, 하루히메, 히로타다의 묘소가 이곳에 있게 된 연유이다. 오카자키 시는 이곳을 문화재로 지정했다.

다이린지 본당 뒤에 모셔진 이에야스의 조부(1), 조모(2)와 부친(3) 묘소.

이에야스의 조부 기요야스 묘소.

이에야스의 조모 하루히메 묘소.

이에야스의 부친 히로타다 묘소.

3기의 묘소가 모두 엄청난 대흉에 걸렸다. 이곳에 세 사람을 실제로 모셨다면 이에야스는 발복은커녕 그 또한 비명횡사를 면치 못했을 것이다. 이곳 또한 이에야스 부친을 모신 곳이 아니라고 확신한다.

다이린지에서 남쪽으로 3km 내려가면 다이쥬지(大樹寺)가 있다. 다이쥬지는 1457년, 이에야스의 5대조인 치카타다(親忠)가 건립한 사찰로 역대 쇼군의 위패와 마쓰다이라 8대의 묘(松平家八代の墓)가 모셔져 있다.

다이쥬지의 산문. 고색창연한 위엄이 느껴진다.

오른쪽부터, 초대 치카우지(親氏)에서 이에야스까지 모두 9 기를 일렬로 모셨다.

치카우지는 생몰이 불분명한데, 떠돌이 승려 도쿠아미(德阿彌)가 마쓰다이라(松平鄕)에 들어와 마쓰다이라 가문의 사위가 되었다고 한다. 묘소들은 일렬로 모셨으니 좌향(坐向)이 동일하다. 좌향으로 길흉을 판단하는 이론은 맞지 않는다는 것을 보여주고 있다.

사진 우측부터 조부 기요야스, 부친 히로타다 그리고 이에야스의 묘소.

　왼쪽의 도쿠가와 이에야스 묘소는 1969년에 릿코(日光)의 도쇼궁(東照宮)에 있는 이에야스의 묘소를 본떠 오카자키 시민들이 건립한 것으로, 묘비(墓碑)의 글씨는 도쿠가와 18대 당주가 쓴 것이다.

묘소 전면에서 본 맥로도.

맥로가 묘역의 중앙(대문)을 지나 거의 90도 각도로 왼쪽으로 급전(急轉)하여, 기요야스(조부)의 묘소와 히로타다(부친)의 묘 사이에서 히로타다의 묘소로 정확히 진입한다. 그러니 맥로의 표시처럼 기요야스를 비롯한 선대의 묘소는 면배(面背)의 배에 해당하고 흉지다.

무장(武將)으로 능력을 갖췄던 이에야스의 조부 기요야스(1511~1535)가 25세에 죽임을 당하고, 또 부친 히로타다(1526~1549)가 24세에 살해된 것은 그들의 역대 조상묘가 흉지에 자리하고 있었기 때문이었다.

묘소 뒤에서 본 맥로도.

히로타다의 묘소로 진입하는 맥로는 대수사에서 수십 km 떨어진 태평양에서 출발하여 아쯔미(渥美)반도와 미카와(三河)만을 직진으로 경유하고 계속 북상한다. 그리하여 다이쥬지 총문(總門)을 통과하고, 묘역의 정중앙으로 진입해서는 좌회하여 묘소로 진입한다.

이에야스의 부친 히로타다는 대명당에 정확히 모셨다. 난세를 평정하고 나라를 개창하기에 충분한 역량의 풍수파워를 보유한 곳이다. 기업에 비교하자면, 세계적인 일류기업을 추동할 명당이다.

여러 곳에 산재한 도쿠가와 선대 묘소, 일본인조차 어느 것이 이에야스의 부친 묘소인지 모른다. 그러나 필자가 풍수로 판단해보니 다이쥬지의 묘소가 이에야스의 부친과 선대 묘소인 것이 분명하다.

다이쥬지의 묘소들이 신산간난했던 인고의 세월을 견디고 마침내는 전국을 통일한 패자(覇者), 도쿠가와 이에야스의 인생역정을 그대로 반영하고 있기 때문이다.

구노잔(久能山)의 도쇼궁(東照宮)에 모셔진 도쿠가와 이에야스 묘소. 시즈오카 소재.

전면에는 망망대해의 태평양이 펼쳐있고, 뒤로는 구노산이 자리하고 있는 배산임수의 형국이다. 전면에는 1,159개의 계단을 쌓았고, 뒤로는 케이블카가 운행하는 급경사로, 전통 풍수 논리를 적용할 수 없는 곳이다.

묘소의 맥로는 지점을 측량할 수 없는 아주 먼 태평양에서 출발한다. 그렇게 먼 곳에서 달려온 맥로는 묘소의 백호방을 거슬로 구노산으로 올라간다. 그리고 다시 낙맥하여 이에야스 묘소에 정확히 결혈한다. 20여 년간 간산한 묘소 중, 최고 최대의 명당이다.

일설에는 이에야스를 이곳에 모신지 1년 후에, 도쿄에서 북쪽으로 120km 정도 떨어진 닛코(日光)의 도쇼궁으로 이장했다고 한다.

"오다가 쌀을 찧고 도요토미가 반죽한 천하란 떡을 앉은 채 먹은 것이 도쿠가와다"라는 말이 있다. 그러나 이에야스는 떡 먹듯이 쉽게 천하를 얻은 것이 아니다. 그는 인고(忍苦)의 세월을 감내하면서 미래에 대한 통찰력을 닦아온 지도자였다. 오늘날의 도쿄(東京)는 이에야스의 선견지명이 있어서 가능했다.

1590년, 히데요시는 전략적 요충인 슨푸(駿府: 시즈오카)에 터를 잡은 이에야스에게 에도(江戶)로 이봉(移封)을 명한다. 당시의 에도는 사람이 살 만한 땅이 아니었다.

이에야스는 참근교대(參勤交代)와 천하보청(天下普請)을 실시하여 수준 높은 도시 인프라를 구축하고, 전국을 잇는 도로를 개설하여 상공업을 활성화시켰다.

남북을 흐르는 강을 동서로 연결하는 4.75km의 오나기가와(小名木川)운하의 개설, 에도성에서 수 km 떨어진 코이시가와(小石川)로 부터 상수도(上水道)를 개통, 우기마다 범람하는 도네가와(利根川)의 치수작업으로 황무지였던 간토평야(關東平野, 서울의 28배 면적)를 일본 제일의 곡창지대로 바꿨다. 이에야스가 에도에 입성했을 때, 15만에 불과했던 인구가 18세기 초반에는 100만이 넘는 대도시가 되었다.

일본 바둑의 원조, 혼인보(本因坊) 묘소

  1981년 7월 17일, 한국의 천재 기사(棋士) 조치훈(趙治勳)은 다케미 야(武宮正樹)를 4승 2패로 물리치고 제36기 혼인보(本因坊)타이틀을 따 냈다. 전년(1980)의 명인(名人)정상을 획득한 것에 이은 승리여서 더욱 빛났고, 바둑의 종주국을 자부하는 일본을 평정한 쾌거였다. 이후 조치훈은 1982년과 1989년에서 1998년까지, 전체 12회, 10연패의 전 무후무한 기록을 세우며 혼인보 25세로 이름을 올린다.

  400년 일본바둑의 역사는 혼인보(本因坊)의 역사라 해도 과언이 아닐 정도로 수많은 바둑의 명인을 배출했다. 혼인보는 도쿠가와 막부가 인정한 4대 종가(家元)의 첫 번째였다.

  혼인보의 유래는 혼인보 산사(本因坊算砂: 1559~1623)에서 비롯된다. 그는 8살 때, 적광사(寂光寺)를 개창한 숙부 일연(日淵)의 제자가 되어 출가한다. 적광사의 탑두(塔頭: 말사)인 본인방(本因坊)의 2대 주지를 맡 았고 법명이 일해(日海)였는데, 후에 혼인보 산사로 개명한다. 그는 불법수행과 동시에 바둑도 배웠다. 센야(仙也)라는 스승에게 바둑을 배우자, 그의 실력은 라이벌이 없을 정도로 막강해졌다.

  그는 전국시대의 3대 인물인 노부나가·히데요시·이에야스와 모 두 인연이 있는데, 노부나가의 죽음과 관련된 이야기가 전한다. 때는 1582년 6월 20일, 혼노지(本能寺)의 변(變)이 일어나기 전날 밤, 노부나가 앞에서 일해와 이현(利玄) 스님이 대국을 벌이는데, 고(劫)가 3번 생기는 산고(三劫)가 발생한다. 밤이 깊자 두 사람은 혼노지를 떠났고, 다음 날 아침에 부하인 아케치 미쓰히데(明智光秀)의 반란으로 노부나가는 비명횡사한다. 산고는 불길한 징조라는 것을 알고 있던 두 스님은 두려운 마음에 황급히 혼노지를 떠났다는 말도 전한다.

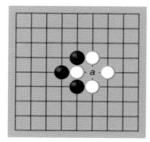 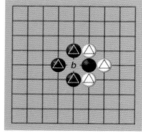

고(劫)의 상황.

고가 되면 승부는 무효가 되는데, 속칭 무한반복되는 아다리(アタリ) 상황이다. 바둑에서 고가 발생하는 확률은 아주 드물다.

산사는 나중에 에도로 이주한 후, 에도 막부로부터 고도코로(碁所)에 임명되었다. 이는 에도막부 시대에 바둑계의 최고의 권위를 가진 자리로, 고도코로에 임명되기 위해서 바둑의 4대 종가인 혼인보(本因坊), 이노우에(井上), 야스이(安井), 하야시(林) 네 가문이 300년간 치열한 경쟁을 벌인 것이 일본 바둑의 역사가 되었다.

혼인보 산사의 납골묘가 봉안된 교토 좌경구의 적광사를 찾아갔다.

적광사 대문.

넓은 적광사의 본전을 지나자 혼인보 산사의 묘소가 눈에 들어
왔다. 묘역은 들어갈 수 없게 잠겨있었다. 인기척을 느낀 스님과 직
원이 나오셨다. 혼인보를 참배하러 왔다고 하니 문을 열어주신다.

중앙의 오륜탑이 혼인보 산사(本因坊算砂)의 묘소.

묘역 전체가 흉지에 자리하고, 혼인보 산사의 묘소가 흉지의 핵심이다.

혼인보 산사 옆에 모신 2세 산열(算悅), 3세 도열(道悅) 묘소.

일본의 사찰은 국보급 명품을 전시하거나 정원이 명품이거나 또는 역사적 유래가 깊은 연유 등으로 입장료를 받는다. 그런데 적광사는 입장료를 받지 않는다. 30분을 넘게 묘역과 사찰을 구경했는데도 다른 참배객은 보이지 않았다. 사찰이 흉지에 자리한 것과 무관치 않다는 생각이다. 미안한 마음에 나오는 길에 사무실 문틈으로 시줏돈을 놓고 나오니, 스님이 급히 따라오시더니 바둑알 기념품을 주셨다.

세상에서 가장 오래된 재벌, 스미토모(住友) 선영

일본의 3대 재벌의 하나이며, 서양의 로스차일드(Rothschild) 가문보다 100여 년 앞선 세상에서 가장 오래된 재벌이 스미토모(住友)다. 그들의 창업은 400여 년 전으로 거슬러 올라간다. 기업에는 창업자가 한 사람이 있는 것이 일반적인데, 스미토모에는 가문의 시조인 가조(家祖)와 기업의 시조인 업조(業祖)가 따로 존재했다. 스미토모 초창기의 당주(當主) 4분의 묘소를 찾아갔다.

가조인 스미토모 마사토모(住友政友: 1585~1652)

그는 무가(사무라이)의 아들로 태어났다. 12세쯤, 교토로 상경했다. 부모의 염원에 따라 새로운 종파인 열반종을 세운 쿠겐(空源)이란 승려의 제자가 된다. 쿠젠(空禪)이란 법호를 받아 열심히 수행하여 문수원(文殊院)이란 칭호도 받았다. 그런데 막부의 종교정책에 따라 열반종이 천태종의 일파로 취급되자 굴욕감을 느끼고 환속한다. 승적을 벗은 그는 교토에서 서적과 약재를 파는 후지야(富士屋)란 가게를 운영했다.

승적을 떠났지만 신앙심이 두터운 마사토모에게 가르침을 청하는 사람이 많았다. 그는 불교의 가르침을 전파했고, 일할 때는 신중, 확실하게 할 것과 검약한 생활을 강조했다. 이는 훗날 '스미토모 기업정신'의 근간이 되었다.

스미토모 역대 묘소. 오사카 천왕사구 짓소지(實相寺) 경내.

사찰의 산문은 닫혀있었고, 오랫동안 기다려도 인기척이 없었다. 쪽문을 살짝 밀고 들어가니 본당 오른쪽에 묘역이 있었다. 묘역 맨 뒤에, 다른 묘소들보다 2m 정도 높은 섹터를 조성한 곳에 40여 기의 스미토모 가문의 묘소가 나란히 자리했다. 사진의 붉은 선 안이 마사토모 부부 묘소이다(묘역은 목책을 둘렀고, 감시 카메라가 작동 중이었다).

묘역 전체가 흉지이며, 마사토모의 묘소는 흉지의 핵심에 자리한다. 이런 곳에 모시면 기업을 일으키는 것은 고사하고 후손들 삶 자체가 어려울 텐데…. 그럼에도 불구하고 스미토모 가문이 엄청난 발복을 한 데에는 무코요시(婿養子)란 제도가 있었기 때문이다.

– 무코요시(婿養子)는 일본 특유의 양자제도로, 사위는 장인의
성을 따르고 처가의 집안을 이어가는 제도다. 도요타 자동차
의 초대 회장, 도요다 리사부로(豊田利三郎)도 결혼 전에는 고
다마 리사부로(兒玉利三郎)였다.

마사토모에게는 일남일녀가 있었다. 아들에게는 자신의 후지야
가게를 물려주고, 소가 리에몬(蘇我理右衛門)의 아들 리헤이(理兵衛)를
서양자(婿養子)로 맞아 스미토모의 가업을 잇게 했으니, 그가 스미토
모 토모모치(住友友以)로 개명한 스미토모 2대 당주다.

소가 리에몬(蘇我理右衛門) 부부 묘. 가운데 작은 것은 둘째 아들 묘.
교토 사카이쵸(堺町) 죠운인(淨運院) 소재.

소가 리에몬(蘇我理右衛門: 1572~1636)은 가와치국(현 오사카)에서 태어났다. 그는 동(銅)정련과 동세공의 기술을 배워서 1590년, 교토에 이즈미야(泉屋)란 가게를 차려서 독립한다.

　당시, 일본은 동(銅)을 용해시키는 기술이 미숙하여, 조동(粗銅)에 함유된 은(銀)을 추출하지 못한 채 수출하니, 외국상인들은 농간을 부리고 이익을 편취하는 일이 많았다. 리에몬은 남만인(스페인과 포루투갈 사람을 칭함)에게 납을 사용하여 은과 동을 용해시켜 분리하는 원리를 배우고 완성하여, '남만후키(南蛮吹き)'라 불렀다. 이에 따라 이즈미야(泉屋)는 크게 번창하고 동(銅)업계에서 확고한 지위를 구축하니, 이것이 훗날 스미토모 재벌로 이어진다.

소가리에몬 묘소 후경. 맥로가 진입하는 모습.

사찰의 본당과 묘역 사이로 떨어진 맥로가 90도로 방향을 틀어 리에몬 부인의 묘소에 정확히 결혈한다. 결혈한 다음 맥로의 방향은 앞으로 향하고 좌우로 넓게 범위를 벌리니 묘역 전체가 모두 자리가 좋은 곳이다. 그러나 본당은 맥로의 면배(面背)의 배(背)에 해당되어 퇴락을 면치 못하고 있다.

리에몬 묘소는 도쿠가와 이에야스의 부친 히로타다(松平広忠)의 풍수파워보다 더 좋은 천하대지급 대명당이다. 이곳의 맥로는 교토 북쪽에 자리한 후쿠이현 오하마시(小浜市)와 연접한 와카사만(若狭湾)에서 출발하는 것으로 추정되니, 엄청나게 장원한 행도를 거친 셈이다.

큰아들인 리헤이(理兵衛)는 스미토모의 서양자가 되었지만, 그가 추진한 사업과 성과는 친부모인 소가 리에몬 묘소의 풍수파워에 연유한다.

> – 소가리에몬의 부인 유키(雪)는 스미토모 마사토모의 누님으로 양가의 관계는 이전부터 인척으로 맺어졌다.

스미토모 3대(代)인, 2대 토모모치(友以), 3대 토모노부(友信), 4대 토모요시(友芳) 묘소. 오사카 중앙구 규혼지(久本寺) 소재.

스미토모 토모모치(住友友以: 1607~1662)

소가 리에몬(蘇我理右衛門)의 장남으로 태어난 그는 마사토모(住友政友) 딸과 결혼하여 스미토모가(家)의 양자(婿養子)가 되었다. 부인이 죽자 미망인이 된 마사토모의 며느리와 재혼한다. 그들 사이에서 태어난 토모노부(友信)는 나중에 스미토모 3대 당주가 된다.

토모모치는 1623년, 오사카의 아와지쵸(淡路町)에 동(銅)정련소를 개설하고, 1630년에는 그곳에서 본점을 열었다. 1636년에는 오사카 시마노우치(島之内)에 대규모의 동(銅)정련소를 지어 제강사업을 확대함과 동시에 나가사키(長崎)·히라도(平戸)·하카다(博多)를 오가며 외국과 동(銅)무역을 했다. 또한 생사(生絲)를 비롯하여 사탕·약재 등을 수입하여 많은 이익을 얻었다. 막부가 쇄국정책으로 동(銅)의 해외

교역을 금지하자 스미토모가(家)는 로비를 통하여 교역권을 얻어내니, 오히려 독점적 지위를 얻는 전화위복의 계기가 되었다. 여기에서 얻은 막대한 이익은 스미토모 재벌의 탄탄한 기초가 되었다.

스미토모 토모노부(住友友信: 1647~1706)

토모모치의 5남으로 태어나 16세에 스미토모의 3대 당주가 되었다. 동정련과 동수출 사업을 승계하고, 동광산에도 진출하여 타카하시(高梁)의 요시오카(吉岡)광산의 개발에 착수한다. 경영은 어려웠지만 동(銅)생산업자로서의 기초를 다졌다. 그는 동생이 운영하는 환전소가 지급불능의 사건을 일으키자 책임을 지고 39세에 아들인 토모요시(友芳)에게 가독(家督)을 물려주고 은퇴했다.

스미토모 토모요시(住友友芳: 1670~1720)

스미토모의 4대 당주. 스미토모는 에히메 현(愛媛縣)의 벳쓰광산(別子銅山)을 개발한 덕분에 진정한 거대 재벌로 약진한다. 토모요시는 1690년에 광산을 발견하고 막부의 허가를 얻어 다음 해부터 채굴과 제련을 시작했다. 1973년 폐광될 때까지 282년간 동(銅)산출을 계속했으니 스미토모의 '달러박스'였다. 이런 공적으로 스미토모가(家)에서는 토모요시를 '중흥의 조(祖)'라 부른다.

- 벳쓰광산(別子銅山)은 282년간 약 70만 톤의 구리를 산출하여, 일본의 무역과 근대화에 기여했다. 시간이 지남에 따라 채광의 중심지도 옮겨졌으니, 산의 모습조차 변하게 했다. 갱도의 전장은 700km, 최심부(最深部)는 해발 −1,000m에 달했다.

스미토모 도모모치 묘역으로 들어오는 맥로.

맥로는 도모모치 묘소에서 정혈을 맺고 그 추향이 전면을 향하고 좌우 180도로 벌리니 토모노부, 토모요시 묘소도 또한 대명당에 자리한다. 혈처의 역량은 이들의 직계 조상인 소가 리에몬 묘소에 손색없는 곳이다. 스미토모는 4대에 걸쳐 이 같은 천하 대명당에 선영을 모신 연유로 세상에서 가장 일찍 재벌의 위치를 확립하였다.

일본 화단(畵壇)의 400년 중심, 카노가 선영

당자사도(唐獅子圖: 카토 에이토쿠 작)

필자는 예술에 문외한이다. 게다가 회화(繪畵)에 대한 안목도 전혀 없다. 그럼에도 당사자도(唐獅子圖)를 보는 순간 눈과 마음이 깜짝 놀랐다. 450여 년 전 일본에서 이렇게 강렬하고 박진감 넘치는 그림을 그렸다는 게 충격적이었다.

카노(狩野)가문의 묘소를 찾아갔다.

카노 모토노부(狩野元信: 1476~1559)

모토노부는 부친의 가업을 계승하여 무로마치 막부의 어용화가가 되었다. 중국화와 일본화를 융합한 새로운 양식을 만들어 가노파의 기초를 쌓은 인물이다.

뛰어난 화재(畵才)와 적극적인 행동으로 무가·궁정·사원은 물론 부유한 상인에 이르기까지 다양한 층의 후원을 받으며 활동했다. 장벽화나 병풍에서 에마키(絵卷: 두루마리 그림), 에마(絵馬: 소원을 비는 용도의 나무판 그림)에 이르기까지 모든 형식과 소재를 섭렵했다. 1539~1553년까지 석산 본원사에 장벽화를 제작하여 많은 보수를 받았다는 기록이 남아있다.

중국화의 구성과 필치에 일본화의 금은을 기조로 한 채색을 합쳐, 평이한 장식화의 양식을 확립하니, 이를 손자인 에이토쿠가 계승하여 모모야마 시대의 금벽화(金碧畵) 양식으로 발전시켰다.

"

- 장벽화(障壁画): 일본의 성이나 사원 등에는 실내 공간이 넓은 곳이 있다. 이 공간을 필요에 따라 칸막이(襖: 후스마)로 넓게 또는 작게 만든다. 이 칸막이에 그린 그림을 후스마에(襖絵)라 하고, 병풍 등을 포함해 칸막이 용도에 그린 그림을 장벽화라고 한다.

- 모모야마 시대(桃山時代): 오다 노부나가가 천하를 통일한 1573년부터 도요토미가(家)가 통합을 이룬 1600년까지의 시기.

"

카노 모토노부 및 일족의 묘를 알려주는 팻말. 교토 상경구 묘가쿠지(妙覺寺) 소재.

중앙의 홍선이 모토노부(狩野元信), 왼쪽 홍선이 손자 에이토쿠 묘소.

카노가(家) 일족 13명의 묘소가 자리하고 있다. 에이토쿠는 원래는
토장(土葬)으로 모셨으나, 나중에 위와 같이 비석을 세웠다고 한다.

맥로는 묘역 뒤의 상당히 먼 곳에서 출발하여 모토노부 묘소에 대명당을 맺는다. 묘소의 역량은 대기업 정도는 추동할 역량의 혈처다. 에이토쿠 묘소도 바로 옆에 자리하니 이 또한 상당한 명당이다.

모토노부(元信) → 쇼에이(松榮) → 에이토쿠(永德), 3대의 묘소 중 쇼에이 묘소는 찾지 못했다.

카노 에이토쿠(狩野永德: 1543~1590)

어려서부터 조부에게 그림을 배우며 재능을 보였다. 오다 노부나가에게 실력을 인정받아, 1576년(33세), 아즈치성 저택의 장벽화와 7층 천수각의 채색을 3년에 걸쳐서 완성했다. 나중에는 도요토미 히

데요시에게 중용되어 오사카 성, 취락제, 원어소, 천서사 등의 벽
장화를 제작했다. 성(城)에 그린 대부분의 작품들은 성(城)이 소멸되
면서 소실되었다. 현존하는 작품으로는 취광원의 후스마에(襖絵)인
화조도(花鳥圖), 금기서화도(琴棋書畵圖)와 교토 시가(市街)와 교외를 그
린 낙중낙외도병풍(洛中洛外圖屛風)이 있는데, 에이토쿠 20대 초반의
작품으로 그의 천재성을 보여주는 강렬한 생동감이 드러난다. 에
이토쿠의 화재(畵才)와 권력자들의 미적 취향이 결부된 호쾌활달한
양식은 한 시대의 표준이 되고, 모모야마 시대에 카노파의 지도적
인 위치를 확립했다.

> — 아즈치성(安土城)은 교토 동북쪽으로 45km 떨어진, 비와호
> (琵琶湖)호 동쪽의 아즈치산에 오나 노부나가가 축조한 성.

카노 타카노부(狩野孝信) 묘소. 도쿄 대전구 혼몬지(本門寺) 소재.

타카노부는 에이토쿠의 차남으로 태어났다. 오다 노부나가의 가신의 딸과 결혼했다고 한다. 형인 미쓰노부(光信)가 죽자, 가문의 중심인물이 되었다. 1613년, 궁정을 조영할 때 장벽화의 제작을 담당했는데, 이때 그린 '현성(賢聖) 미닫이 그림'이 현재 인화사(仁和寺)에 남아있는데 그의 작품은 극히 적다고 한다.

카노 탄유(狩野探幽: 1602~1674)

카노 탄유의 묘. 호로병 모양의 묘소와 비석이 나란히 서있다.
상당한 역량의 혈처에 자리한다.

탄유는 타카노부의 장남으로 교토에서 태어났다. 어려서부터 조부인 에이토쿠에게 그림을 배우기 시작했다.

1612년, 에도로 가는 도중에 슨푸(駿府)에 들려 도쿠가와 이에야스를 배알했고, 에도에서는 2대 쇼군인 히데타다를 배알한다. 탄

유가 휘호를 쓰는 것을 본 히데타다는 "그대의 조부가 재림했다"며
감탄했다.

1617년, 16세의 나이로 막부의 어용 화공이 된다.

1626년에는 니죠성(二條城)의 장벽화 제작을 지휘하며 완성한다.
지금도 볼 수 있는 니죠성의 장벽화가 탄유가 남긴 작품이다.

1627년에는 오사카성의 벽장화를 완성하고, 1633년 8월에는 나고
야성의 혼노마루 장벽화의 제작을 맡는다.

현재 전해지는 그의 작품은 전형적인 카노양식 보여주고 있다.
1641년에 그린 대덕사 방장의 장벽화는 수묵장벽화의 모든 형식을
보여주는 귀중한 작품이라고 한다.

1662년에는 화가로서 최고위인 법인(法印)을 수여받는다.

탄유는 중국화의 표현력에 일본화의 채색을 가미한 장식적 그림
을 그렸지만, 또한 당시의 취향을 반영하기도 했다. 공방을 조직하
여 공동제작으로 수많은 장벽화의 제작이 가능했다.

카노 탄유의 부인 묘소. 탄유 묘소 뒷켠에 있다.
비석에는 연잎와 연꽃이 양각되어있다.

카노 가문의 누대묘. 대명당에 자리한다.

다보탑(多寶塔)은 혼몬지(本門寺)로 들어가는
소로를 사이에 두고 본전의 서쪽에 자리한다.

혼몬지(本門寺)에 자리한 카노 가문의 묘소들이 모두 대명당인 이
유는 다음과 같다.

혼몬지 서북쪽 수십 km 떨어진 곳에서 출발한 맥로가 완만하게
좌선(左旋)하면서 보탑의 뒤로 진입하여 엄청난 대명당을 결혈하였
다. 그리고 맥로는 좌우 180도 방향으로 섹터를 펼친다. A지역에
자리한 카노 탄유와 그의 부인 묘소, B지역에 자리한 카노 타카노
부와 누대 묘소가 그 섹터의 안에 자리한다. 대명당일 수밖에 없

는 이유이다.

무로마치 시대에서 메이지 유신 때까지 약 400년간 일본화단의
중심이었던 카노파(狩野派). 카노 가문의 탁월한 예술성과 적극적인
처세술이 중요한 요인이었지만, 누대에 걸쳐 대명당에 모신 그들의
선영도 적지 않은 풍수적 뒷심이 되었을 것이다.

기도 다카요시·사카모토 료마· 시바료 타로 묘소

    에도 막부 말기, 좌막파와 존왕양이파가 격렬히 대립하면서 많은 사건이 발생했고 그런 와중에 전도가 유망한 젊은이들이 산화했다. 막말에서 메이지 유신까지 나라를 위해 동분서주했던 지사들의 죽음, 그들의 영혼을 위로하기 위해 교토 동산구에 호국신사(護國神社)를 지었다. 그리고 호국신사 뒷산인 영산(靈山)에는 이케다야 사건과 금문의 변 등에서 희생된 549명이 묻혀있다.

> - 좌막파(佐幕派): 막부를 옹호하는 세력
> - 존왕양이(尊王攘夷): 막부를 타도하고 천왕을 중심으로 정부를 세우려 했던 세력. 또는 도막파(倒幕派)라 부른다.
> - 이케다야(池田屋) 사건: 1864년 7월, 여관 이케다야에 은신 중이던 존왕양이 인사들을 낭인으로 구성된 치안조직 신선조(新選組)가 급습하여 살해한 사건.
> - 금문의 변(禁門の 變): 전년에 교토에서 추방된 조슈번 세력이 1864년 8월, 군사를 이끌고 교토수호직이었던 마쓰다이라 카타모리(松平容保) 세력을 몰아내기 위해 벌인 시가전. 이 사건으로 교토와 인근의 3만 가구가 소실되는 참사를 빚었다.

영산에 도착하니 해는 서산에 걸렸고, 입장권을 발급하는 직원
도 보이지 않았다. 급한 마음에 그냥 올라가려는 차에 어디선가 나
타난 직원이 입장료를 요구한다.

수많은 묘소 중에 어떻게 찾을지 걱정이 앞섰다. 다행히 필자가
찾으려는 기도 다카요시와 사카모토 료마의 묘소는 안내판이 설치
되어 있었다.

카쓰라 코고로(桂 小五郎)는 기도 다카요시의 또 다른 이름이다.

기도 다카요시(木戸 孝允: 1833~1877)

의사였던 아버지 와다 마사카게(和田昌景)는 아들이 없자 양자를
맞이하여 가문을 잇도록 했다. 그런데 새로 맞은 부인이 아들을 낳
으니, 그가 기도 다카요시다. 그는 장남이었지만 가문을 상속하지

못한 채 7세가 되자 카쓰라(桂)가문의 양자로 보내진다. 불우했지만 무사의 신분은 얻게 된다.

다카요시는 14세에 검술도장에 입문한 이후 수련에 정진하고, 20세에는 에도로 검술유학을 떠난다. 에도에 체류하던 중 페리제독의 내항을 목격하고 해외지식과 문화에 관심은 갖게 된다. 대외위기를 각성하기 시작한 그는 존왕양이의 활동에 투신하면서 조슈(長州)번을 대표하는 인물로 성장하다. 한편으로는 가쯔 가이슈(勝海舟)·사카모토(坂本竜馬)와 같은 개명인사들과도 친교를 맺었다.

그는 이케다야 사건에서는 다행히 목숨을 건졌으나, 이어서 발발한 금문의 변으로 막부세력에게 쫓기는 신세가 되었다. 이때, 니죠(二條) 다리 밑에 숨어지내던 그에게 주먹밥을 날라다 주던 게이샤 이쿠마쓰(幾松)의 에피소드는 유명하다.

1865년, 료마의 주선으로 사쓰마번(薩摩藩)의 사이고 다카모리(西郷隆盛)와 접촉하여 샷초(薩長)동맹을 맺는다. 이듬해에는 오쿠보 도시미치(大久保利通)까지 가담하니, 막부타도를 위한 거병에 유신 3걸이 합의한 셈이다.

1868년, 메이지 정부가 수립된 이후 신정부의 방침인 '5개조 서문'의 초안을 작성한다.

1869년, 번(藩)에 속해있던 토지와 백성을 조정에 반환하는 판적봉환(版籍奉還)을 단행한다.

1871년, 다이묘(大名)들이 관할하던 번을 폐지하고 그 관할을 중앙정부에 귀속시키는 폐번치현(廢藩置縣)의 조치도 단행한다.

이러한 조치들을 통하여 신정부가 중앙집권제를 확립하는데 다카요시의 공로가 적지 않았다.

그때까지는, 사족(사무라이)들은 칼을 차고 정부에서 녹을 받는 특권이 있었다. 1876년 오쿠보 정부는 이런 특권의 폐지를 발표하자, 신정부 정책에 불만을 품은 사족들이 반란을 일으킨다. 일본 서남부인 구마모토와 가고시마 등지에서 사이고 다카모리를 맹주로 하는 소위 세이난(西南)전쟁이다. 와병 중이던 다카요시는 어제의 동지들이 오늘의 적이 되어 전쟁을 하는 소식을 듣고, "사이고, 그만하면 안 되겠나"라는 말을 남기고 세상을 떠났다.

기도 다카요시 묘소. 대흉에 걸렸다.

이쿠마쓰(幾松)와 신선조장(新選組長)인 곤도 이사미(近藤勇)의 일화도 있다. 다카요시를 숨겨주고 있다는 낌새를 눈치챈 곤도는 이쿠마쓰의 집을 급습한다. 집을 수색한 뒤에 마지막으로 장롱을 열라고 했다. 이쿠마쓰는 "당신이 내 집을 수색한 것은 나에겐 수치스런 일

입니다. 장롱을 열어 아무도 없으면 당신은 할복할 자신이 있습니까?"라고 되묻자 곤도는 멋쩍게 사라졌다. 장롱에 숨어있던 다카요시는 목숨을 건졌다.

이쿠마쓰는 당대 최고의 게이샤였지만, 사무라이와는 결혼할 수 없는 신분이었다. 그런 신분의 차이를 극복하고 이쿠마쓰를 아내로 맞은 것이 다카요시다.

이때는, 코고로(小五郎)란 이름을 기도 다카요시로 개명을 했으니, 이쿠마쓰도 기도 마쓰코(木戸 松子)로 개명한다.

마쓰코 묘소. 다카요시 바로 곁에 있음. 이 또한 흉지에 자리한다.

사카모토 료마(坂本 龍馬: 1835~1867)

료마는 도사견으로 유명한 도사번(土佐藩: 지금의 고치현 고치시)에서 하급 무사의 아들로 태어났다. 19세에 검술 공부를 위해 에도로 갔을 때, 페리호가 에도만에 출현했다. 무사계층은 개항을 추진하려는 막부에 대한 반감이 높아갔고, 료마도 존왕양이의 생각을 갖게 된다.

1861년, 고향에 돌아온 그는 도사근왕당(土佐勤王黨)에 가담한다. 이듬해에는 개화파 인사인 가쓰 가이슈(勝海舟)를 암살하러 찾아갔으나, 오히려 가이슈의 식견에 감복하여 그의 제자가 되었다. 가이슈의 가르침에 따라 그는 고베(新戶)에 해운회사를 설립하는데, 이는 나중에 해군지원대로 바뀐다.

당시, 막부를 타도하자는 주장이 많았지만 막부가 두려워할 정도의 무력을 갖춘 번은 사쓰마(薩摩)와 조슈(長州)번뿐이었다. 그러나 두 번은 구원(舊怨)으로 적대적 관계에 있었으니, 어느 한 번이 막부를 타도할 능력이나 가능성은 낮았다.

이때, 료마가 두 번(藩)의 중재자로 나선다. 두 번의 구원(舊怨)은 사소한 것이고 대의(大義)인 미래의 일본을 위하여 두 번이 협력하자. 두 번이 샷쵸(薩長)동맹을 맺자 막부타도의 발판이 마련된 셈이다. 샷쵸동맹을 성사시킨 다음 해인 1867년 10월 14일, 에도막부의 마지막 쇼군 도쿠가와 요시노부(德川慶喜)는 국가의 통치권을 천황에게 반환하는 역사적인 대정봉환(大政奉還)을 단행한다.

1867년 12월 10일, 오미야(近江屋)에 머물던 료마는 자객들에게 암살당한다. 료마는 33세에 새로운 세상을 보지도 못하고 떠났지만, 세상은 료마가 꿈꿨던 방향으로 진행됐다. 료마가 살해되기 6개월 전에 제시한 선중팔책(船中八策)이 메이지 정부의 실질적인 강령이 되었음이 그 증거이다. 일본인들은 국내·외적 위기가 생길 때마다, 일본 공동체의 정체성을 구현한 사카모토 료마를 생각한다고 한다.

왼쪽은 사카모토 료마, 오른쪽은 함께 피습된 나카오카 묘소.

두 묘소도 모두 흉에 걸렸다. 영산(靈山)은 묘역 전체가 흉지에 불과한 곳이다.

나카오카 신타로(中岡 愼太郎: 1838~1867)

료마와 함께 오미야(近江屋)에서 자객의 습격을 받았다. 료마는 현장에서 즉사했고, 신타로는 3일 후에 절명(絶命)한다. 그러나 자객들의 정체는 지금까지 밝혀진 것이 없다.

일본 역사를 모르는 딸에게 사카모토 료마를 아냐고 물었다. 당연히 안다는 의외의 대답이었다. 어떻게 알았냐고 재차 물었더니 "일본의 잘 생긴 영화배우인 후쿠야마(福山 雅治)가 사카모토 료마 역을 맡은 드라마를 본 적이 있다"는 것이다. 일본의 NHK는 2010년에 48부작 대하드라마 료마전(龍馬伝)을 방영하여 국민적 인기를 끌었다. 이렇게 료마는 일본인 마음속에 현재의 인물로 자리하고 있는 셈이다

료마는 원래 지금과 같은 유명 인사가 아니었다. 그를 주인공으로 한 소설『료마가 간다(龍馬がゆく)』가 1962년부터 4년간 산케이 신문에 연재되면서 국민적 영웅으로 떠올랐다. 사카모토 료마는 시바료 타로(司馬遼太郎)의 붓끝에서 재탄생한 셈이다.

내친 김에 시바료 타로의 묘소도 찾아갔다.

영산(靈山) 묘지에서 7,800m 남쪽에 청수사(淸水寺: 기요미즈데라)가 있고, 청수사의 정문에서 본당을 오르지 않고 오른쪽으로 가면 좁은 사잇길이 있다. 그 사잇길이 서대곡(西大谷) 묘원으로 이어지고, 묘원의 하단부 섹터에 시바료 타료의 묘소가 있다.

묘소 정면에는 나무아미타불(南無阿彌陀佛)을 음각했고,
측면에는 시바료 타로의 이름과 생몰 연도가 새겨져 있다.

시바료 타로의 묘소 맥로도.

묘소의 동쪽인 야마시나(山科)구의 북쪽에서 출발한 맥로가 청수
사 하단의 산을 경유하여 직진하면서 시바료 타로의 묘소에 정확
히 결혈한다. 중견기업은 추동할 역량의 혈처에 자리한다.

시바 료타로(司馬遼太郎: 1923~1996)

그는 원래 신문기자였다. 1959년 닌자(忍者)의 야행적 삶을 그린
『올빼미의 성(梟の城)』으로 나오키상(直木賞)을 수상하며 작가로 전업
한다. 60여 편의 소설과 70여 편의 평론, 에세이 등을 발표했으며
밀리언셀러만 20종이 넘는다고 한다. 살아서는 국사(國師)로 추앙받
았던 그가 세상을 떠나자 '시바 료타로가 있어서 우리는 행복했습
니다'라는 포스터가 붙을 정도였다.

그는 역사소설을 쓰면서 본명인 후쿠다 데이치(福田 定一)를 시바
료타로(司馬遼太郎)로 바꾼다. 전한(前漢)의 역사가 사마천(司馬遷)에서
시바(司馬)를 도저히 따라가지 못하겠다는 료(遼)를 그리고 일본 남
성의 흔한 이름인 타로(太郎)를 합성한 것이다.

메이지 유신에 초석을 놓은,
오쿠보 도시미치 묘소

오쿠보 도시미치(大久保利通)는 1830년 일본 서남단에 자리한 사쓰마번(薩摩藩)에서 하급 무사의 장남으로 태어났다. 사쓰마번은 조슈번과 더불어 일본 근대화의 기점인 메이지 유신(明治維新)을 이끌어 낸 웅번(雄藩)으로, 메이지 유신의 3걸 중 오쿠보 도시미치와 사이고 다카모리(西郷隆盛)가 이곳 출신이다.

사쓰마번은 1600년 도쿠가와 이에야스(德川家康)가 천하를 거머쥔 세키가하라(関ヶ原) 전투에서 도쿠가와의 반대편인 서군에 가담했다. 도쿠가와의 에도(江戸)막부가 개창되자, 서군에 가담했던 번들은 영지를 몰수나 축소 당하고 지속적인 견제와 감시를 받았다.

사쓰마번은 서군에 가담했으나 영지축소 등의 탄압은 모면했고, 오히려 류큐(琉球: 오키나와)의 지배권을 용인받았다. 이에야스조차 사쓰마번의 용맹한 기질이 두려워 유화책을 쓴 것이다. 사쓰마는 류큐에서 막대한 양의 사탕수수와 쌀을 얻었고, 류큐를 거점으로 중국과 교역의 이익을 취할 수 있었다.

오쿠보는 사이고보다 3살 연하지만, 출신성분이 비슷하고 같은 동네에서 자란 죽마고우였다. 상무정신이 강한 사쓰마의 청년들이 무술을 연마할 때, 몸이 약했던 오쿠보는 독서와 토론에서 두각을 나타냈다.

오쿠보는 17살 무렵, 서기의 보조로 일하게 되었다. 그러던 중 20살이 되던 1849년 '오유라(ぉ油羅) 소동'이 발생하고 이에 연루된 혐의로 아버지는 섬으로 유배되고 오쿠보도 파면되었다.

> – 오유라 소동: 사쓰마의 10대 번주 시미즈 나리아키(島津 斉興)에게는 정실소생의 나리아키라(斉彬)와 측실 소생인 히사미쓰(久光)가 있었다. 번주가 적남(嫡男)을 후계자로 지명하지 않자, 측실인 오유라(ぉ油羅)는 자신의 아들인 히사미쓰를 후계자로 옹립하려 했다. 이에 나리아키라를 지지하는 세력들이 오유라를 제거하려 했지만, 사전에 발각되어 숙청되고 처형된 사람이 50여 명에 달했다.

1851년, 우여곡절 끝에 나리아키라가 번주로 취임한다. 그는 민생사업과 무기제조에 주력하여 사쓰마를 웅번으로 도약시킨 명군으로 이름을 떨친다. 그리고 나리아키라가 발탁한 사이고 다카모리는 중앙 정치무대에 이름이 알려질 정도로 출세를 한다. 그러나 오쿠보는 나리아키라와는 일정한 거리를 유지한 채 세월을 기다렸다. 아들이 없는 나리아키라가 사망하면 사쓰마의 권력은 히사미쓰에게 넘어갈 것이란 예상을 했기 때문이다.

1858년, 나리아키라가 사망하고 히사미쯔가 권력을 장악한다. 신분이 낮은 오쿠보는 그에게 면회조차 쉬운 일이 아니었다. 히사미쓰가 길상원의 주지와 바둑을 자주 둔다는 것을 알아내자, 바둑을 배운다는 핑계로 길상원을 출입한다. 또 히사미쓰가 읽고 싶어하는 책을 구입하여, 책 속에 시국에 대한 비망록을 적어 보내기도 했다.

1867년, 국가의 통치권을 천황에게 돌려주는 대정봉환(大政奉還)으로 외형적인 메이지 유신은 이루어졌다. 그러나 오쿠보는 다이묘(大名)들이 소유했던 토지와 호적을 정부에 반납케 하고, 막부시절의 번(藩)을 폐지하고 현(縣)을 설치하는 조치를 통하여 중앙 집권체제의 실질적인 메이지 유신을 완성한다.

오쿠보는 조슈 출신인 오쿠마 시게노부(大隈重信)와 이토 히로부미(伊藤博文)를 자신의 수하로 끌어들이고 내무경(사실상 수상)에 취임한다. 그는 독일의 관료제를 도입하여 정부주도의 산업육성, 군의 근대화 등 부국강병책을 시행하여 일본 근대화의 초석을 놓았다.

그러나 사족(사무라이)들의 특권인 봉록지급의 중지, 패도(佩刀)의 금지를 발표하자 그들이 불만이 고조되었다. 1877년, 사족(士族)의 비율이 월등히 높은 사쓰마에서는 사이고 다카모리를 우두머리로 추대하여 반란이 일어난다. 오쿠보는 정부를 대표하여 반군 진압에 나섰고, 8개월 이상의 전쟁을 통하여 진압한다. 정부군 6,400여 명, 사쓰마 반군 6,700여 명의 사망자가 발생한 서남전쟁이 막을 내렸다.

사이고 다카모리가 죽은 지 몇 달 뒤인 1878년 5월 14일, 천황을 알현하러 가는 도중 기오이자카(紀尾伊坂)에서 사족인 시마다 이치로(島田一郎) 등의 6명에게 암살당한다. 오쿠보의 나이 49세였다.

오쿠보 도시미치 묘소. 도쿄 청산묘원 소재.

사쓰마인들의 우상인 사이고 다카모리. 그를 죽음으로 몰아넣은 것이 오쿠보라고 생각하는 사쓰마인들. 오쿠보가 고향인 사쓰마에 묘소를 쓰지 못한 이유였다.

오쿠보 도시미치 묘소 맥로도.

천하대지를 방불하는 대명당이다. 맥로의 출발은 묘소의 청룡쪽
건물 방향의 아주 먼 곳에서 출발한다. 특이한 것은 맥로가 묘소 뒤
로 들어가지 않고, 나선(螺旋)으로 묘소를 감싸고 돌아서 묘소 전면에
서 진입하여 결혈하였다. 이런 경우 묘소 자체는 대명당이라도 묘소
를 제외한 주변은 맥로의 배(背)에 해당되어 자리가 되기 어렵다.

오쿠보 도시미치 부인 묘소. 오쿠보의 전면 맞은 편에 자리한다. 대흉지에 걸렸다.

모친 옆에 자리한 오쿠보의 장남과 삼남 등의 묘소. 이 또한 흉지에 걸렸다.

오쿠보 선대묘(추정). 고향에서 이장해 온 듯하다.

이곳 일대가 모두 흉지이다. 이런 흉지에 선조와 부인 그리고 아들을 모셨으니, 후손들은 지리멸렬했을 것이다.

오쿠보의 차남인 노부아키(牧野 伸顯) 묘. 오쿠보가(家)와는 다른 곳에 자리한다.

오쿠보 도시미치의 차남으로 태어나 마키오 가문으로 양자가 된 노부아키(牧野伸顕) 후손들만은 비교적 현달하였다. 노부아키의 묘소가 명당에 자리하고 있기 때문이다. 노부아키의 딸인 유키코(雪子)는 요시다 시게루(吉田茂) 전 수상의 부인이다.

오쿠보를 암살한 6명의 묘소가 나란히 자리하고 있다. 야나카(谷中) 묘원 소재.

모두가 흉지인데 주모자인 시마다 이치로(島田一郎) 묘소(흉선)가 흉지의 핵심이다.

맛의 달인 실제 주인공, 기타오지 로산진 묘소

기타오지 로산진(1883~1959), 그는 예술가다. 어느 분야의 예술가냐고 물으면 대답이 난감하다. 그는 전각가·화가·도예가·서예가·칠예가(漆藝家)·요리가·미식가 등등. 다방면에서 천재적인 재능을 발휘한 희대의 예술가(藝術家)였다.

로산진은 태어나기도 전에 아버지가 죽고, 3살 적부터 남의 집의 양자로 전전했던 불우한 어린 시절을 보냈다. 그런 와중에도 음식에 대한 관심이 많았고 맛있는 음식을 잘 만들었다. 21살에는 미술 전람회에 〈천자문〉을 출품하여 일등상을 받자 서예에 더욱 몰입하고, 이후 전각(篆刻)도 배우기 시작한다.

도예(陶藝)에 손을 대기 시작한 것은 33세부터인데, 37세에는 회원제 '미식구락부'를 만들어, 자신이 주방에서 직접 요리를 했고 식기(食器)도 직접 만들었다. 이는 훗날 회원제 요정으로 발전했는데, 전설의 '호시오카다료(星岡茶寮)다.

로산진은 일본요리를 체계화하여 세계에 알렸다. 일본의 인기만화 『맛의 달인(美味しんぼ)』의 최고 미식가 가이바라 유잔(海原雄山)의 실제 모델이기도 하다. 한국에서도 로산진 평전을 비롯한 그의 요리책 『로산진의 요리왕국』 등이 번역되었으니 그가 한국의 일본요

리에 끼친 영향도 적지 않을 것이다.

로산진의 천재성이 발현된 분야는 무엇보다 도자기였다. 그는 전문 도공이 아닌 취미인으로 도예를 대했기에 임기응변적 디자인의 새로운 영역을 개척했다. 그렇다고 중국·한국·일본의 고도자(古陶瓷)의 범위는 벗어나지는 않았다. 인생 말년, 호시오카요(星岡窯)에서 도자기를 굽던 로산진. 정부가 그를 인간문화재로 예우하려 하자 "작가는 작품이 말하는 것, 훈장 같은 액세서리는 필요 없네"라며 거절했다.

지금도 로산진의 전각·회화 등 여러 장르의 작품이 계속 전시되고 있다. 특히, 2016년에 미쯔이 미술관에서 로산진의 도자기 그릇 123점을 전시하여 성황을 이루기도 했다.

"그릇은 요리의 옷이다(器は料理の着物)." 요리와 그것을 담는 그릇에 대한 로산진의 애정이 담겨있는 명구(名句)이다

사이호지(西方寺). 교토 북구 소재.

　로산진 묘소를 관리하는 사이호지를 찾아갔다. 묘소의 위치를 물어보니 프라이버시에 관한 것이라 알려줄 수 없다는 대답이었다.

　사이호지 뒷산을 오르니 많은 묘소들이 눈에 들어왔다. 유난히 기타오지(北大路) 가문(家門)의 묘비명(墓碑名)이 많았다. 로산진이 태어난 곳도 이곳에 가까운 동네로 일족이 많이 살았던 것 같다. 20여 분을 돌아다니다 묘역 오른쪽의 시멘트 길을 따라 올라가니 묘역의 뒷쪽에 로산진의 묘소가 있었다.

　묘지(墓誌)를 보니 예상원고덕노산거사 소화 34년 12월 21일 몰(禮祥院高德魯山居士: 昭和34年12月21日沒)이라 쓰여있었다. 로산진의 묘소를 제대로 찾았다.

기타오지 로산진 묘소.

　이곳의 맥로는 묘역 동북방의 해발 660여 m의 오비산(大尾山)에서 출발한다. 서남 곤방으로 내려온 맥로는 가미가모신사(上賀茂神社) 뒷산을 지나 가모강(賀茂川)를 넘어 묘역의 오른쪽을 크게 환포하며 진입한다.

　홍선과 같이 묘소 좌측으로 내려오던 맥로가 급하게 회전하며 로산진 묘소에 정확히 결혈하였다.

　묘소의 역량은 대기업 오너의 선영과 대등한 풍수파워다. 그의 후손 중에는 자신이 종사하는 분야에 두각을 나타내는 인물이 있을 것이다. 그러나 이 묘소의 하단에 자리한 묘소들과 사이호지는 면배(面背)의 배(背)에 해당하니 자리가 될 수 없는 곳이다.

일본도 이장(移葬)합니다.
요시다 시게루 전 수상 묘소

요시다 시게루(吉田 茂)는 3세 때, 아버지의 친구인 요시다 겐조(吉田健三)의 양자로 보내졌다. 전후(戰後) 5번이나 수상을 역임한 요시다 시게루의 현달은 양부가 아니 친가(親家)의 묘소에서 찾아야 할 것이다.

다케우치 쓰나(竹內 綱: 1840~1922)

요시다 시게루의 친부(親父) 다케우치 쓰나. 그는 메이지 유신에 투신했으나, 사쓰마와 조슈번 출신들이 정부의 주도권을 장악하자 고향인 토사번(土佐藩)에서 입지사(立志社)의 활동가로 활약하고 자유민권 운동에 가담한다.

메이지 11년(1878), 그가 정부전복을 기도했다는 혐의로 체포되어 투옥되어 있을 때 다섯째 아들 시게루가 태어났다. 메이지 23년(1890), 제국의회가 개설되자 고치현에서 중의원에 당선된다. 그러나 정치보다는 사업에 재능이 있었던지 다카시마 광산(高島炭鉱)을 경영하고 조선의 경부철도 사장을 지냈다.

다케우치 쓰나 묘소. 도쿄 야나카(谷中) 묘원 소재.

아들인 요시다 시게루가 평생 관로(官路)가 순탄하고 수상을 여러 차례 역임한 것은 이 묘소의 못바람 덕분이다.

요시다 시게루(吉田 茂: 1878~1967)

다케우치 쓰나(竹內綱)의 다섯째 아들로 태어났다. 아버지 다케우치는 도사번(土佐藩) 출신의 자유민권 운동가인 이타가키 다이스케(板垣退助)의 심복이었다. 반체제 인사인 아버지가 아들의 장래를 고려하여 친구인 요시다 겐조(吉田 健三)에게 양자로 보냈다고 한다. 무역상을 하던 양부(養父)인 겐조가 40세에 사망하자 11살의 요시다 시게루는 막대한 재산을 상속받는다. 주위에서는 요시다 재벌(吉田 財閥)이라며 부러워했다. 요시다 시게루는 모친(養母)의 깊은 사랑과

엄격한 훈도를 받으면 성장한다.

그는 가쿠슈인(学習院)을 거쳐 동경제대 정치학과를 졸업하고 1906년에 외교관 시험에 합격하여 30년간을 외교관으로 근무한다.

요시다 시게루는 1945년, 국체보호를 위해서는 즉각 정전(停戰)이 필요하다고 주장한 고노에(近衛) 상주문에 가담했다는 혐의로 헌병대에 구속된다. 그러나 이 사건으로 전후(戰後) GHQ(연합군사령부)로부터 '반군부' 인사로 분류되어 신임을 받게 된다. 1946년 5월, 자유당 총재 하토야마 이치로(鳩山一郎)가 공직에서 추방되자 당 총재와 총리대신에 취임한다(제1차 요시다 내각).

그가 1951년 9월, 샌프란시스코에서 미·일 안보조약을 체결하고 귀국하자 내각의 지지율은 전후 최고인 58%를 기록한다. 요시다 시게루 인생의 절정이었다. 일본에서 다섯 차례나 총리를 역임한 인물은 요시다 시게루 한 사람뿐이며, 총리대신의 재임기간은 2,616일에 달했다.

요시다 시게루는 미국 일변도의 정책을 지향했다는 비판을 받지만, 미국의 안전보장이란 우산 속에서 전후 일본의 재건과 급성장의 초석을 놓은 인물이다. 통통한 체구에 항상 시가를 물고 다녔고, 유머감각이 뛰어나 일본의 처칠이란 별명이 붙었다.

2차 대전에 패배한 일본은 식량난으로 국민들의 고통이 심할 때였다. 요시다 시게루는 "국민들이 굶어 죽게 생겼다, 450만 톤의 식량을 긴급히 지원해달라."고 요구했는데, 원조받은 식량은 70만 톤에 불과했다. 그래도 아사자는 발생하지 않았다. 맥아더는 "엉터리

통계로 식량을 지원을 요청하다니…"라며 화를 냈다. 이에 요시다 시게루는 "당연하다. 일본의 통계가 정확했다면 미국과 전쟁을 하지 않았을 것이고, 또 전쟁에서 지지도 않았을 것이다."라는 대답에 맥아더도 폭소를 터트리고 말았다.

"후지산이 보고 싶다"는 말을 남긴 다음 날 세상을 떠나니 향년 89세였다. 전후 유일하게 부도칸(武道館)에서 국장(國葬)을 치르고 아오야마 묘원에 안장했다.

요시다 시게루 묘소 구광터. 도쿄 미나도구(港區) 아오야마 묘원.

묘소의 위치는 정확히 찾았는데, (자료에서 확인한) 봉분은 없었다. 확인해 보니 대흉지에 걸렸다. 40년 넘게 이런 대흉지에 모셨으면 그의 후손들은 상당한 고통을 겪었을 것이다.

2011년에 요코하마(橫浜)의 구보산(久保山) 묘원으로 이장했다는 자료를 확인했다.

요시다 시게루 묘소. 앞 좌측은 부인 유키코 묘소.

전통풍수 이론에는 전혀 부합하지 않는 곳에 모셨다. 묘소의 전면에는 가파른 옹벽이 답답하게 막혀있고, 뒤로는 급경사의 내리막이니 시각적으로도 위태로운 곳에 자리한다. 좌공조만(坐空朝滿)의 논리조차 적용할 수 없는 곳이다. 그러나 맥로의 흐름(홍선)으로 보면 부인의 묘소에 대명당을 결혈하였고, 요시다 시게루의 묘소는 그 여기(餘氣) 안에 자리하는 대명당이다.

일본인도 흉지에 모신 묘소는 이장하는 사례를 확인한 셈이다.

엔카의 대부, 고가 마사오와 일본의 이미자, 미소라 히바리 묘소

〈동백아가씨〉는 1964년 이미자가 불러 우리나라 최초로 100만 장이 넘는 레코드 판매량을 기록했다. 동시에 신인급의 이미자를 단숨에 한국을 대표하는 가수로 만들었다.

그런데 〈동백아가씨〉는 왜색풍 가요라고 금지곡이 되고, 20여 년이 지난 1987년 6월 항쟁을 겪으면서 해금되었다. 왜색풍의 가요를 엔카(演歌)라 하는데, 엔카의 대부인 고가 마사오(古賀政男)는 자신의 음악적 정서는 조선에 있음을 밝힌 적이 있다.

고가 마사오(古賀政男: 1904~1978)

선린인터넷고교(선린상고)의 정문을 들어서자 야구선수들의 훈련소리가 교정을 울린다. 운동장 왼쪽을 따라 올라가면 중학교와 경계를 이루는 지점에 높게 솟은 시계탑이 있다.

시계탑은 1946년 화재로 소실되었는데, 이를 안타깝게 여기고 학창시절의 추억을 생각하며 고가 마사오가 1971년에 기증한 것이다. 그는 선린상고 제15회(1922년 3월) 졸업생이다.

선린인터넷고교의 시계탑.
1983년, 고가 마사오의 아들인 미치히토(古賀通人)와
메이지대학 만도린그룹 OB의 출연(出捐)으로 보수한 적이 있다.

일본 엔카의 아버지로 불리는 고가 마사오는 1904년 후쿠오카에
서 태어났다. 7살 때, 아버지가 돌아가자 어머니와 함께 형이 살고
있는 조선으로 건너왔다. 서울에 살면서 선린상고에 진학했는데,
이때 밴드활동과 합창단을 조직하여 음악활동에 심취했다.

선린상고를 졸업하고 귀국한 마사오는 1923년에 메이지(明治)대학에
진학한다. 대학에서도 전공보다는 음악활동에 몰두했으니, 특히 그
의 만도린 연주실력은 어려운 대곡(大曲)도 소화해 낼 정도였다.

대학을 졸업하고 1931년 콜롬비아의 전속이 된다. 여기서 수많
은 인기곡을 발표하면서 정상급 작곡가로 자리한다. 고가 마사오

가 작곡한 방랑의 노래(放浪の唄)와 아리랑의 노래(ARIRANGの唄)는 조선 최고의 가수 채규엽(예명: 하세가와 이치로)이 불러 크게 유행시켰다. 우리의 아리랑을 고가 마사오가 작곡한 것으로 오해하는 사람이 생겨날 정도였다. 또한 이난영이 일본으로 진출해 오카란코(岡蘭子)라는 이름으로 활동할 때 작품을 주기도 했다. 1939년에는 미국 NBC방송에서 고가 마사오의 작품이 소개되기도 했다.

고가 마사오는 1945년 이후에도 계속해서 많은 인기곡을 발표하며 1970년대까지도 꾸준히 작품활동을 하였다. 그가 남긴 주옥같은 명곡을 매거(枚擧)하기 어려울 뿐이다. 그가 세상을 뜨자 일본 정부는 국민명예상을 수여했으니, 야구선수 왕정치(王貞治)에 이은 두 번째 수상이었다

고가 마사오는 그의 회고에서 "형의 가게에는 60여 명의 조선인 직원이 있었는데, 이들이 흥얼거리는 민요를 매일 들었다." 그는 소년 시절을 조선에서 보낸 것이 자신의 음악적 정서의 기반이 되었음을 밝히기도 했다. 왜색(倭色)가요의 본류와 경계는 어디인가. 문화에는 국경이 없다고 하는데….

고가 마사오 묘. 도쿄 스기나미구(杉並區) 츠키지 혼간지(築地本願寺)에 자리한다.

　근처에는 불모지대(不毛地帶)의 실제 주인공 세지마 류조(瀨島龍三)의 묘소가 자리하고, 고가 마사오의 묘소는 세지마 류조 묘소의 여기(餘氣)로 자리가 되었다. 그래서 묘소의 역량은 크지 않으나 후손들

이 유족하게 사는 데는 부족함이 없는 자리다. 맥로는 홍선과 같이 앞에서 들어간다.

미소라 히바리(美空 ひばり: 1937~1989)

히바리는 가나가와현 요코하마시에서 태어났다. 본명은 가토 가즈에(加藤 和枝). 노래를 좋아하는 부모의 영향으로 히바리는 어릴 적부터 가요와 유행가를 불렀다. 1943년, 아버지가 징집되자 출정식(壯行會)에 따라갔다. 그곳에서 아버지를 위해 노래를 부르자 많은 사람들이 눈물을 흘렸다. 이때, 히바리의 엄마는 딸의 가창력을 새삼 발견한다. 1946년, NHK의 '아마추어 노래자랑'에 출전했지만, "어린이답지 않다", "비교육적이다"라는 이유로 불합격한다. 다음 해 봄, 히바리 엄마는 심사위원으로 요코마하에 온 고가 마사오에게 히바리의 오디션을 부탁했다. 무반주로 고가 마사오의 〈슬픈 피리(悲しき竹笛)〉를 부르자, 아이라고 생각할 수 없는 재능과 이해력을 가지고 있고, "이미 훌륭하다. 가수가 되려면 노력해야 한다"라는 격려를 받았다.

1947년, 요코하마 극장에 가수로 출연한 이후 순회공연을 하던 중 버스가 고치현 국도에서 추락하는 사고가 발생했고, 히바리는 한 참이 지나서야 의식이 돌아왔다. 딸을 걱정한 아버지가 노래를 그만두라고 하자, 노래를 그만두면 차라리 죽겠다며 노래에 대한 무서운 집념을 보였던 히바리였다.

1948년, 무명이었던 11세 소녀 히바리는 인기 절정의 연극인 가와다 요시오에게 발탁되었다. 히바리는 훗날 "나의 스승은 아버지와 가와다 선생님뿐이다"라고 회고했다.

12살에는 주연으로 출연한 영화, 〈슬픈 휘파람(悲しき口笛)〉이 히트를 치고, 주제가도 당시의 최고기록인 45만 장이 팔리면서 전국적인 지명도를 얻었다. 이때의 실크햇에 연미복을 입고 노래하는 영상은 히바리 어릴 적의 대표적인 모습이 되었다.

1949년부터 여러 편의 영화에 주연으로 출연하더니, 1950년 〈도쿄키드(東京キッド)〉에 주연으로 출연하여 전국적인 인기를 얻고 영화와 함께 주제곡도 대 히트를 기록한다. 이후 연예계 부동의 스타로 자리한다.

1964년에는 고가 마사오가 작곡한 유도(柔道)를 뜻하는 〈야와라(柔)〉를 발표하여, 180만 장의 음반을 판매하여 레코드 대상을 수상하고, 1966년에도 고가 마사오가 작곡한 〈슬픈 술(悲しい酒)〉을 발표하여 145만 장의 판매를 기록하였다. 미소라 히바리와 고가 마사오의 인연은 이렇게 이어졌다.

1980년대에 들어 어머니와 동생 그리고 친한 친구가 잇달아 사망하자 외로움이 밀려왔다. 점차 술과 담배를 많이 하면서 건강도 악화되었다.

1988년 도쿄 돔 개장기념 공연을 위하여 하와이서 요양 중이던 히바리는 귀국한다. 그녀의 무대 뒤에는 의사와 앰뷸런스가 대기할 정도로 건강이 좋지 않았다. 불사조 미소라 히바리는 도쿄 돔에서 인생의 마지막 불꽃을 장렬하게 태웠다.

1989년 1월, 쇼와천황이 사망했고, 그해 6월 미소라 히바리가 세상을 떠났다. 히바리가 떠나자 진정한 쇼와시대의 막이 내렸다는 기사가 실렸다.

고가 마사오와 미소라 히바리는 패전의 상처를 입은 일본인들에게 위안과 즐거움으로 어려운 시절을 견디게 해준 국민적 연인이었다. 히바리가 한국인 2세라는 풍설에 관심을 갖고 묘소도 찾아봤으나, 한국인 2세라는 증거는 찾지 못했다.

히바리를 회상하는 연로한 팬들이 생화(生花)를 가져와 예를 올리기 시작했다. 필자가 한국에서 왔다고 하니 "아리가또"를 연발하는데, 의문의 1승을 한 느낌.

미소라 히바리 묘소는 엄청난 대명당에 정확히 잘 모셨다.

　묘소의 맥로는 멀리 보이는 도쿄만에서 출발하여 직진으로 진행
하다가 육지에 닿아서는 오른쪽으로 완만히 돌아가면서 묘역의 청
룡방으로 건너온다. 묘소 뒤에서 입맥(入脈)하여 히바리 묘소에서
정확히 결혈하였다. 묘소의 역량은 도쿠가와 이에야스의 부친 히로
타다(松平広忠)의 것과 대등하다.

세계적인 자동차 메이커,
도요타 선영

    2017년 3월에 도요타 선영을 간산한 적이 있다. 이번(2018년 7월)에 나고야의 남동쪽, 40여 km 떨어진 곳에 있는 도쿠가와 이에야스의 본향인 오카자키(岡崎)를 간산했다. 나고야를 지나면서 도요타 선영을 어찌 지나칠 수가 있으랴.

    나고야 역에서 전철로 7번째인 가쿠오잔(覚王山)역에서 하차한다. 그리고 그곳에서 북쪽으로 1km 정도에 릿타이지(日泰寺)에서 관리하는 묘역이 있는데, 그 안에 도요타의 선영이 있다.

홍색선 안이 도요타 선영.

우선 도요타의 양대 창업자를 살펴보자.

도요타의 창업은 도요타 사키치(豊田佐吉: 1867~1930)로부터 시작되었다. 그의 아버지 이키치(豊田伊吉)는 농부이자 목수였다. 사키치는 소학교를 졸업하자 아버지를 따라 목수 일을 배우기 시작했고, 아버지는 아들이 목수가 되기를 바랐다. 그러나 밤늦도록 물레를 하는 어머니를 보고 자란 사키치는 직기(織機) 발명에 뜻을 두었다. 그의 고향은 목화산지였으나 당시의 수제직기(물레)는 하루에 무명 2~3단을 짜는 것이 고작이었다.

직기 개량에 관심이 많던 사키치는 1890년 4월, 도쿄에서 개최된 박람회를 둘러본다. 출품된 외제기계에서 힌트를 얻은 사키치는 그해 가을에 목제인력직기를 발명하고 이듬해 일본 최초로 특허를 받았다. 이후 오랜 기간 실패를 거듭하면서 직기의 개량과 발명에 몰두한다.

1896년, 목철(木鐵)혼합의 동력직기를 발명하고, 이 또한 특허를 받는다. 1897년에는 목제동력직기를 발명하고, 60대 직기로 면포(綿布) 생산을 시작한다. 직기의 능률이 향상되니 생산성은 4배로 늘고, 비용은 반으로 줄었다. 이를 눈여겨본 미쓰이(三井)물산의 제안으로 사업을 본격화했으나, 경영진과의 의견 차이로 1910년에 퇴사하고 외유 길에 오른다.

1911년, 그는 나고야에 자동직포공장을 설립하고 이어서 자동직기에 관한 중요한 특허를 차례로 출원한다. 제1차 세계대전 중에도 그의 사업은 호황을 누린다. 1923년, 아이치현(愛知県)에 대규모 시험공장을 설립한다.

1924년, 그의 평생의 염원인 도요타 자동직기(G형)를 발명·완성했다. 이 기계는 당시 세계 최고의 자동직기로 평가받았으며, 5년 뒤에는 영국의 프랫브라더(Platt Brothers&Co)사에 특허권을 양도하니 그 양도자금이 도요타 자동차 개발의 초석이 되었다. 1926년, 자동직기의 대량생산을 위해 도요타 자동차의 전신인 도요타 자동직기를 설립한다.

도요타 자동차의 창업자 도요타 키이치로
(豊田 喜一郎: 1894~1952)

사키치의 장남인 그는 1920년에 동경대 기계공학과를 졸업하고 도요타 방적에 입사한다. 1926년부터, 도요타 방직기 제작소에서 일을 했지만, 그의 관심은 자동차 제작이었다.

영국과 미국의 자동차 공장을 견학한 후인 1933년에는 방적기 제작소 내에 자동차부를 설치하고 제작에 착수한다. 집안과 사내에도 적지 않은 반대가 있었지만 물러설 키이치로가 아니었다. 기술과 정보를 수집하고, 우수한 인재를 모아서 기술적 난관을 극복해 나갔다. 드디어 1935년, A1형 승용차와 G1형 트럭의 시험제작에 성공했다. 1937년에는 도요타 자동차 공업을 독립시켜 부사장에 취임한다.

1938년에 아이치현의 코로모(擧母: 현 도요타시)에 대중용 자동차 공장을 완성하니 도요타 자동차의 초석이 되었다. 그러나 키이치로가 꿈꿔왔던 승용차의 대량 생산과 판매는 전쟁으로 중단되고, 군

용자동차를 생산할 수 밖에 없었다. 전후 GHQ로부터 승용차 생산의 허가가 났지만 극심한 노동쟁의로 1950년 6월에 사장직에서 물러난다. 한국전쟁의 특수로 실적이 회복되어 사장 복귀가 내정되었으나 급서한다.

아버지는 타고난 감각과 노력으로 일을 했고, 키이치로는 과학과 팀워크로 일한 것이 다른 점이나, 부자(父子)가 평생을 연구와 발명에 몰두한 점을 똑같다.

1. 누대묘(累代墓). 집안의 오래된 조상분들을 함께 모셨다. 키이치로가 1936년에 건립했다고 음각(陰刻)돼 있다.
2. 도요타 이키치(伊吉) 묘소.
3. 도요타 사키치(佐吉) 묘소.
4. 도요타 키이치로(喜一郎) 묘소.

좌측 3개의 묘소(이키치~키이치로)는 각각 일류기업을 추동할 역량의 대명당에 모셨다. 비교하자면 현대 정주영 부모님 묘소의 풍수 파워와 대등하다. 그리고 우측 누대묘소는 천하대지의 정혈에 모셨다. 필자가 간산한 기업인 선영 중에서 최고의 대명당이다. 풍수 파워로도 세계의 도요타라 부를만하다.

도요타 선영의 맥로도.

네 기의 선대묘 우측에는 공간적 여유가 있다. 이곳에 쇼이치로 (豊田 章一郎: 1925년생, 전 회장)과 아키오(豊田 章男: 1956년생, 현 사장)를 모신 다면 도요타는 장래에도 상당 기간 지금의 명성을 이어갈 것이란 판단이다.

맥로의 흐름이 위와 같으니 하단에 자리한 사키치 동생과 후손 들의 묘소는 자리가 될 수 없고, 또한 왼쪽의 두 기의 묘소도 맥로 에 걸렸다. 이것은 도요타가(家)에 양자(婿養子)로 입적한 리사부로(豊 田 利三郎: 1884~1952) 부자의 묘소다.

맥로 출발점의 개략도.

　대명당은 맥로의 출발점을 사진으로 포착하는 것이 불가능하다. 다만, 그 방향을 표시할 뿐이다. 누대 묘소의 출발은 시즈오카현 서부에 있는 하마마쓰와 접한 태평양이라고 추정할 뿐이다. 붉은 맥로의 중간에 초록 점은 누대 묘소를 제외한 세 기의 묘소로 들어오는 맥로의 출발점(방향)을 표시한 것이다.

　지금 도요타의 사장은 키이치로의 장손인 아키오(豊田 章男)다. 그는 27세에 평사원으로 입사하여, 44세가 되어 임원으로 승진했고, 54세가 되어 사장이 되니 도요타에 입사한 지 27년 만에 최고 경영자의 자리에 올랐다.
　아키오의 취임 직후, 2010년에 세계적으로 도요타 리콜사태가 발생했고, 또 2011년에는 일본의 대지진과 태국의 홍수피해로 조업을 중단하는 위기상황이 발생했다. 그러나 아키오는 혁신을 통해

2012년에는 실적이 다시 향상하고, 2013년에는 자동차 판매대수가
천만 대를 넘겼다. 2014년의 결산에서는 최고의 이익을 기록하기도
했다.

2016년 3월 기준 도요타의 총 매상은 28조 4,031억 엔, 영업이익
은 2조 8,539억 엔이다.
도요타 선영을 돌아보니, 당연히 떠오르는 것이 대한민국의 현대
(기아)이다. 하남 창우동에 모신 현대의 선영으로는 도요타를 넘어
설 수 없다는 풍수적인 판단이다. 그러나 이 땅에도 도요타를 능
가하는 천하대지는 있다는 점도 밝혀둔다.

인생승부
명당에서
정해진다

초판 1쇄 2018년 11월 15일
초판 2쇄 2021년 06월 16일

지은이 손건웅
기획 1인 1책
발행인 김재홍
교정 · 교열 김진섭
마케팅 이연실

발행처 도서출판 지식공감
등록번호 제396-2012-000018호
주소 경기도 고양시 일산동구 견달산로225번길 112
전화 02-3141-2700
팩스 02-322-3089
홈페이지 www.bookdaum.com
이메일 bookon@daum.net

가격 15,000원
ISBN 979-11-5622-407-5 03180

CIP제어번호 CIP2018033952
이 도서의 국립중앙도서관 출판예정도서목록(CIP)은 서지정보유통지원시스템 홈페이지(http://seoji.nl.go.kr)
와 국가자료공동목록시스템(http://www.nl.go.kr/kolisnet)에서 이용하실 수 있습니다.